给孩子一部有温度的梦想之书

手绘名人故事

影响世界的他们

大军事家

亚亚/文　夏阳/绘

北京理工大学出版社
BEIJING INSTITUTE OF TECHNOLOGY PRESS

给孩子梦想起飞的翅膀

世界上每一只小鸟都要翱翔于蓝天，世界上每一个孩子都有属于自己的梦想。

每一个孩子都是与众不同的，每个孩子都是梦想家。在他们成长的过程中，梦想可能会折翼、会被误导，所以孩子们萌发的梦想更需要被细心呵护，需要被温柔地鼓励和引导。因此，一套好的成长之书，在孩子们的成长道路上扮演着重要的角色，发挥着潜移默化的作用。《影响世界的他们——手绘名人故事》丛书正是这样一套送给孩子的梦想之书。

这是一套给孩子带来正能量的、守候孩子梦想的书。在这里，孩子们会看到古今中外的大文学家、大艺术家、大军事家和大政治家们的故事，他们身上的坚强、勇敢、奋进的意志品格，是孩子们得以学习的榜样力量；他们身上的由于时代带来的局限，也是孩子们得以不断深入思考的问题。

这是一套给孩子的有温度的、引人思考的梦想之书。理想不是冷冰冰的灌输和说教，在这里，孩子们能看到的不仅仅是名人们各种令人羡慕的成就，更有他们在成就的道路上遇到的挫折、打击以及他们做出的努力、他们得到的和失去的……

这是一套给孩子的轻松的、风趣的"朋友"之书。在这里，没有板起脸来的长篇大论，在这个名人们的"展览馆"里，他们如同一些经历丰富的"大朋友"，用他们的故事陪伴和启发着孩子们在追寻梦想的道路上前进。

心怀梦想的孩子更强大。守候孩子的梦想，就是守候我们的未来。愿这套书带给孩子们梦想起飞的翅膀，陪伴他们不断翱翔、快乐成长、实现梦想……

著名诗人、儿童文学作家 徐鲁

目录

你，准备好了吗？

伟大的民族英雄 **戚继光**

在福州地区品种繁多的地方风味小吃中，光饼是最常见也最不起眼的一种。它的原料仅为面粉、碱面、盐巴，另加一点芝麻，形状大小如银元。

北京麻将烧饼

福建光饼

江苏黄桥烧饼

哦哦，快看那是什么啊？难道是个烧饼么？！

这是个烧饼？别开玩笑啦！这么没档次的东西是烧饼？

你们不要小看我，我可是大有来头啊！

光饼的来头的确不小，它跟我们的一位民族英雄有着非常密切的关系。据说他率领军队追击倭寇时，遇上了接连不断的大雨，不能烧火做饭，于是，他便命令烤制简单的小饼，用麻绳串起挂在战士身上充当干粮，这大大方便了战士们作战。因为这小饼非常方便，流入民间成了日常小吃，后来还成为祭祀祖先必备的供品。后人为了纪念这位民族英雄,便把这种小饼叫作"光饼"。

没错儿,我们今天要说的这位民族英雄就是大名鼎鼎的戚继光。

就是我啦!我想有一些从事倭寇这项职业的人会很不喜欢我,但是请相信——这就是我想要的!

明

这些人就是倭寇

这不叫抢,我只是拿走寄放在你们这里的东西而已!

等等,我想这里面一定有什么误会!

倭寇是日本人和汉奸的合称。

我是倭寇?你有证据么?

无主的日本浪人　　海盗　　沿海的走私商人

戚继光(1528年11月12日—1588年1月5日),汉族,山东登州人。字元敬,号南塘,晚号孟诸,卒谥武毅。明代著名抗倭将领、军事家。其父戚景通担任过漕运官员,同时也是一名治军严明的高级将领。戚继光率军于浙、闽、粤沿海诸地抗击来犯倭寇,世人称其带领的军队为"戚家军"。历十余年,大小八十余战,终于扫除倭寇之患,被誉为民族英雄。有多部军事著作及诗作传世,戚继光纪念馆现为福建省爱国教育基地。

关于这位伟大的民族英雄:

1. 戚继光出生于将门,爸爸是个武艺高强的人。

2. 加高、加厚长城,修建空心敌台,创立步、骑、车、辎重诸营,使边境得以安宁。

3. 创建了忠义神勇的戚家军和战无不胜的鸳鸯阵。

4. 创编了戚家拳、戚家刀、戚家拳经等。

5. 打了很多胜仗,在浙江、福建取得台州、横屿、平海卫、仙游等战役的胜利,基本荡除东南沿海倭患。

6. 写了很多书,著有《纪效新书》《练兵实纪》《止止堂集》等。

戚家刀

超一流的戚家军和鸳鸯阵

我国东南沿海，从宋朝开始就经常有日本海盗出现。

我想我看到了一伙海盗……

到了明朝，倭寇更加猖狂，有时候朝廷不得不调集武艺高强的少林僧兵和勇猛剽悍的土司兵与倭寇作战，但是倭寇并不占领土地，而是抢了东西就跑，这让士兵们防不胜防。

倭寇在哪里？

我们不要杀生，赶跑倭寇就可以了……

看来是我太好心了……

一切直到戚继光的出现……

看我的吧！

戚继光的征兵广告

· 如果你是来自浙江义乌的，我们欢迎你。

· 如果你曾经做过矿工和农民，我们欢迎你。

· 如果你身体健壮，皮肤黝黑，我们欢迎你。

· 如果你目光有神，自信，我们欢迎你。

· 拒绝皮肤白白的，拒绝城市里的，拒绝混饭吃的，拒绝特别胆小的，同样也拒绝傻大胆的。

办证：×××……

刻章：×××……

招聘

就这样，戚继光从浙江义乌群山之中招募勇敢的农民和彪悍的矿工共3 000余人，采用营、官、哨、队四级编制编成新型军队。队是基本战斗单位，队员按年龄、体格分别配备不同的兵器，作战时，全队队员各用其所长，配合作战，攻守兼备，进退灵活。这种战斗队形能分能合，人称"鸳鸯阵"。经过戚继光的严格训练，这支新军队伍很快成为军事劲旅，人称"戚家军"。

其实，在那个年代私自招募军队是不被允许的，不过为了打赢……

　　戚继光的忠心是不用怀疑的，他只是想着怎样才能彻底地打败倭寇而已。因此，戚继光对士兵严加训练，带出了一支锐不可当的队伍。他的戚家军打了一个又一个胜仗，打出了军威，打出了名声，每当戚家军得胜归来时，老百姓都欢欣鼓舞，排着长队迎接他们。

　　不过既然是战争，就一定会有牺牲。在打击倭寇的战斗中，有许许多多戚家军战士死在了远离他们家乡的地方，他们都是英雄！

我们要永远记住他们！

朱文达

王如龙

童子明

陈大成

圆牌

火兵

长枪

镋钯

狼筅

长枪

戚家刀

叶大正

队长

圆牌

狼筅

长枪

陈子銮

陈禄

刘廷玉

戚继光的军事课

戚家军的要求:
纪律严明。作风优良。官兵团结。

咳咳,欢迎各位来听我本次的军事讲座,请叫我"戚教授"。

1.好的兴趣是最好的老师

我出生在一个将军家庭,爸爸戚景通,在大家眼里,是个武功高强的大好人,所以,爸爸是我的好榜样。知道我的名字怎么来的吗?听家人说,我出生的那天阳光灿烂,爸爸给我取名继光,希望我继承祖上的光辉,并发扬光大。我很高兴我没有辜负这个名字。爸爸对我的期望很高,亲自教我读书写字、练习武艺,经常给我讲一些为人处世的道理。这让我不仅获得行军打仗的真实学问,还养成了良好的品质,树立了高远的志向,为以后建功立业打下了基础。

我的儿子从小就对军事游戏很感兴趣,对此我非常满意!

戚景通

是的,我对军事非常着迷,我每周都会有一整天在练习。

除了爸爸这个好榜样外,兴趣是我最好的老师。我喜欢军事,从小就是个军事迷。所以,每次当爸爸给我讲起军事的话题时,我就听得特别认真,有时候还能讨论几句。我六岁入学,九岁就自己制作一些军事小游戏,很多人都夸我聪明,觉得非常不可思议。

2.戚家军的武德风貌与练兵之法

我所在的那个时代,倭寇横行,我的梦想就是驱逐他们,打败他们。我创建了戚家军,我的军队用一次又一次的胜利赢得了大家的赞扬,下面说说我的军队的武德风貌和练兵之法吧。

首先是武德风貌:

· 纪律严明。关于这一条,岳家军就是我们的榜样。

我们每到一个地方,听到口令才休息,绝对不允许打扰人民群众。我的戚家军有严明的纪律,不仅赢得了广大人民的支持和爱戴,而且有效提高了部队的战斗力。有一次战斗中,倭寇为了逃命,丢下许多从老百姓那里抢来的金银财宝,企图诱惑我们。不过我们看都没看那些金银财宝一眼,全都一心杀敌,没有一个人去捡。这样的手段敌人后来又用了几次,每一次都是失败的。

哪里哪里,意思一下就好,哈哈!

受我一拜啊,偶像!

岳飞

· 作风优良。

我刚调到蓟镇任职时,发现长城一线的驻军纪律松弛,作风很差,没有战斗力。为整顿军风军纪,我得到皇上的允许,调原戚家军的一支部队北上,去做示范。隆庆三年(1569)二月,这支部队经过千里跋涉,在一日清晨到达蓟州,在郊外等待命令。那一天,寒风凛冽,大雨倾盆,许多士兵就在这寒冷的雨中列队站到下午。然而,淋了一上午的戚家军将士,依然队列整齐,丝毫不乱。戚家军的作风在当地驻军中传为佳话,为我大规模地整训长城一线驻军起到了榜样和激励作用。

· 官兵团结。官兵团结是戚家军的又一优良传统。

这里的团结包括方方面面。在战场上,不管是一个人,还是一个小队被围困,只要是有自己人的地方,全部都要拼命去解救。

其次是练兵之法：

大家来看看我引以为傲的戚家军水师阵容吧！

戚家军水师

最大的战船叫"福船"，体积大，威力强，能够犁沉敌船，但不能在浅海航行，无风时不可行驶。每船配备船工、水兵 64 人。

比福船稍小的"海沧"船，又名海苍、冬船，可以在水较浅的地方、风小时行驶，能犁沉敌船。每船配备船工、水兵 51 人。

最小的一种战船叫"艟"，是戚继光改造浙江地方的一种渔船而成。船体小而灵活，可捞取敌人首级和战利品，每船配备船工、水兵 37 人。

另外还有两种哨船：一名"开浪"，一名"网船"。这两种船只能供联络、哨探之用，不能作战。

除了打击倭寇外，我还消灭了山贼吴平。

悬赏：七百两黄金！

> 吴平是福建南部漳州诏安县梅岭人，他与倭寇勾结，招纳海盗、流氓地痞1万多人，长期盘踞在梅岭一带。

> 我们将南澳岛包围起来，先劝降，等他们动摇了再一起进攻！

这是俞大猷，我们曾合作剿灭倭寇。我们配合非常默契。在大破吴平的战斗中，俞大猷率领水军，我率领陆军，将吴平赶得四处逃窜。

关于我，说的也不少了，正如我写过的一句诗，"封侯非我意，但愿海波平"，作为一个守卫海疆的军人，我能立下那么多军功，最大的心愿和目标不是为了封侯，而是希望祖国的海疆不受侵犯。

一位真正的
军人 **巴顿**

不卖关子了，主角直接登场！

我是 F1 赛车比赛的冠军巴顿！

小·鬼！我巴顿将军可是开坦克的冠军！

鸣谢
谢尔曼坦克厂
投资赞助

关于我们今天要谈的巴顿将军，很多人对他的评价褒贬不一！

他是战时的无价之宝，和平时期的捣乱分子！

美军中数一数二的打气人！

美国最伟大的作战将领和常胜将军！

这是我的荣耀！

史密斯将军

手下参谋

美军陆军参谋长
马歇尔将军

克拉克堡的疯子!

牛皮大王!

没人要的坏东西!

哼!这些全都是胆小鬼的偏见!

军中同僚

西西里前线官兵

美军参谋部军官

听到这些话,就该知道这位巴顿将军的脾气不怎么好。

好吓人!我想回家!

别惹我!

小乔治·史密斯·巴顿(1885年11月11日—1945年12月21日),美国陆军上将,第二次世界大战中美国著名将领。在第二次世界大战中,他带领军队远征北非,横扫欧洲,战无不胜,因为勇猛凶悍,为了胜利不惜一切代价,而被人们称为"血胆将军"。

赢得战争靠两样东西,那就是鲜血和胆量!没有这些就别来打仗了!

传说中的巴顿将军：

· 非常勇敢，这点是公认的。如果在战场上有什么事儿巴顿将军都不敢做，那么再也没有别人敢做了。

· 很会发表演讲，鼓舞士气，是士兵最好的打气筒。

我的演讲不超过15分钟，我要求其他人也一样，重点说完就行，别讲起来没完没了！

巴顿将军10分钟演讲稿分析

1.明确目的和目标。"为了保卫家乡和亲人、保卫国家，为了荣誉，既然参与打仗，就要有赢的信念，人人都要是真正的男子汉。"

2.做好战前动员，给士兵以鼓舞。"人人都会死，死亡不可怕，而且死亡的机会并不多。"再接着给士兵描述美好未来："每个男人都应该有一个英雄梦。"

3.强调组织内部的分工合作、团队的重要性。

死亡率2%
生存率98%

放心去战斗吧，士兵们！

· 性格直爽的巴顿，完全不怕上司。因为他除了在乎战场上的胜利、在乎他的士兵，不在乎任何人、任何事。

· 巴顿是个很感性的人，暴躁的脾气后面是敏感而善良的内心。他爱哭、容易被感动，是一个冰与火的混合体。

· 有争议的死亡。第二次世界大战刚刚结束，巴顿将军就遇到了车祸。有人说是意外，但是也有人认为是谋杀，而且列出了不少证据。不过不管怎样，这位战场上的血胆英豪还是去世了。

纽约时报

1945 年 12 月 22 日　特别报道

血胆将军巴顿逝世

历史已经伸出双手拥抱了巴顿将军。他的地位是牢固的！他在美国伟大的军事将领中将名列前茅！

我不甘心啊！

毫无疑问，巴顿热爱他的职业、他的战场，他经历了两次世界大战。他在战斗中勇猛而残酷无情，屡建奇功；他用他那极富特点的粗俗语言激发士兵的斗志，是一个士兵们的天才领袖。他就是个为战争而生的人。

离他远点！他是战争狂！

为战争而生的巴顿将军

巴顿将军的确是个为战争而生的人，不过他的才能并不只是体现在带兵打仗上，在武器设计方面他也厉害得不得了。

那一年，巴顿到法国学习，让他大开眼界。他觉得法国骑兵使用马刀的方法远远超过美国骑兵。回国之后，他给克莱里写信，表达自己要改变美国骑兵军刀的想法。

不但没效率，还很容易掉下马！

法国人是用刀尖去刺，而美国人则是用刀刃去砍。很显然，刺比砍的作战效率更高，因为刀尖比刀刃能更快地接近敌人。不久，他主张改进军刀的论文在颇有影响力的《陆海军杂志》上发表。当时的美国军械部长认为巴顿设计的新军刀是一种理想的击刺武器，能够完美地用于刺杀。他认为，巴顿作为一位击剑手的技巧和经验，对于军械部价值无限。新军刀选在斯普林菲尔德的工厂铸造，为了保证军刀的生产质量，巴顿被专门派去负责检查验收。

真是神器！

但是威力强大的枪弹使"巴顿军刀"不久就失去了用武之地。

三年半后，巴顿又成了美军的第一批坦克手。当时坦克刚刚问世，里面漆黑一团，噪声巨大，根本听不清说话。为了必要的联络，巴顿发明了一套联络方式。

前进！

停下！

就这样，巴顿在不到半年的时间组建了六个坦克连，成了美国装甲部队的创始人。美国M46坦克、M47坦克、M48坦克、M60坦克均命名为巴顿坦克。他因此获得"美国第一坦克兵"的赞誉。

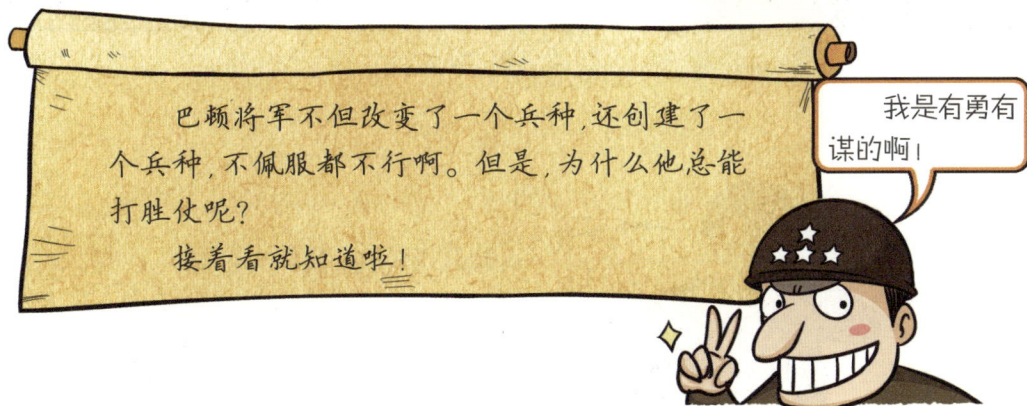

我讨厌野蛮人。

巴顿将军不但改变了一个兵种，还创建了一个兵种，不佩服都不行啊。但是，为什么他总能打胜仗呢？

接着看就知道啦！

我是有勇有谋的啊！

有鲜明的用兵特点：

1. 不拘泥于传统战术，善于灵活调动部队。

2. 声东击西，善用坦克迂回到敌侧翼或敌后实施攻击。

3. 在远程突击和追击中敢于推进。

4. 重视发挥各级军官的整体作用。

5. 拥有一支直接听命于他的侦察部队，收集情报。

战争不是什么好事情，但如果发生了战争，那么大家都只能争取获胜。你们知道我不喜欢说废话，所以，现在来听听我家里的故事吧。

第一堂课：家人是我的好榜样

　　我出生在加利福尼亚，我的爸爸是当地的一名检察官，后来又当上了圣马力诺的市长。我的外公也很厉害，不但是加利福尼亚州最大的葡萄酒的制造商、大地主，还当过洛杉矶市市长。爸爸的一位朋友约翰·史格顿·莫斯比，是美利坚联盟国中的骑兵英雄和游击战领导人，经常给我讲述南北战争中的英雄事迹。

　　可能是家族里的成员都太优秀了，我认为我成为一名将军或者英雄是必然的事情。连我的儿子也一样，他后来指挥过第11装甲骑兵团以及第2装甲师，创下美国军事史上首个父子先后统领同一部队（第2装甲师）的历史。

谁要是想在炮坑蹲点我就轰他屁股！

真是虎父无犬子啊……

第二堂课:参加奥运会的考验

1912 年在斯德哥尔摩举行奥运会,当时 27 岁的我自费参加了这届奥运会新设的铁人五项赛。我拿到了整个赛项的第五名——我都休克了。

我的各项成绩为:游泳第 6,击剑第 3,马术第 3,越野跑第 3……

失误出现在射击比赛中,我只得到第 21 名,因为……

当第二次世界大战结束后,我举行记者招待会时回想起这些经历,觉得它们让我受益匪浅!

> 将军阁下,您在第二次世界大战中表现出的卓越的指挥才能,是您的骄傲和荣誉,对此您有何感想?

> 不!不!参加第五届奥运会才是我一生的骄傲和荣誉。

在参加游泳比赛的时候,游完300米上岸后我就休克了。醒来后,我告诫自己一定要拼下最后一项4 000米越野跑。最终,我不但坚持跑完整场比赛,还得了第五名,这才是我一生的骄傲和荣誉!

参加这次奥运会,提醒我无论任何时候,都要坚强、要坚持。因为射击、游泳、击剑、马术和越野跑五个项目组成铁人五项,它是一个军事训练综合项目,能培养军人勇敢顽强的品质。我认为,一个标准的军官首先应该是一个标准的斗士。

而我的日记里写着这么一段话:

Note

决心书

在孩提时代还不知道有上将,而如今,我想要得到四颗星,我一定会得到的。

第三堂课：每个人都有自己的重要性

士兵是军队的躯体，如果没有这个躯体，就没有生命。我常常这样说："军中每个战士都扮演着一个重要角色。千万不要吊儿郎当，以为自己的任务无足轻重。每个人都有自己的任务，而且必须做好。每个人都是一条长链上必不可少的环节。"

我非常敬重在战场上负伤的士兵，他们是我的部队重新获得战斗力的源泉。他们身上的每一个伤口都让我感到自豪，那是英雄的标志。

一位无名英雄的大头贴

凡是受伤三次的士兵，都要立即送回国内，因为他已经为国家尽力了。

第四堂课：勇敢勇敢再勇敢

作为一个军人，没有什么比勇敢更重要的了，我一点也不谦虚地说，我是个勇敢的人，所以我也要求我的士兵，必须勇敢。我在战争中用鲜血证明了我所坚持的东西。我的士兵是最优秀的，我的军队也打出了漂亮的战役。

这里全都是光荣负伤的战士！我为他们骄傲！

有一次我在前线伤兵帐篷探望伤员，其中有一个身体完好无损的士兵引起了我的注意。

> 他叫什么名字？好像没有受伤。

> 那是库尔，好像患上了抑郁症。

库尔是一个年轻人，他无精打采地坐在那里，只是对主治医生说他感到紧张和不舒服。我在病历里看到了"神经官能症焦虑状态，中等程度"的字眼，在那个时候，我们没有任何人认为"战斗疲劳"真的是一种精神疾病，我们都觉得这只是不想作战的借口。

> 胆小鬼，我这里都是伤痕累累的士兵，没有你这样的蠢货！

K.O

我把库尔扔出了帐篷，不管他受不受得了，我要求立即把他送到前线。众人都惊呆了，然而，如果不是后来有人认为我虐待病患士兵把这件事情捅出去，大家都会因为我们对病症的偏见以及我的战功而站在我这边。

库尔在后来提到这件事的时候说：

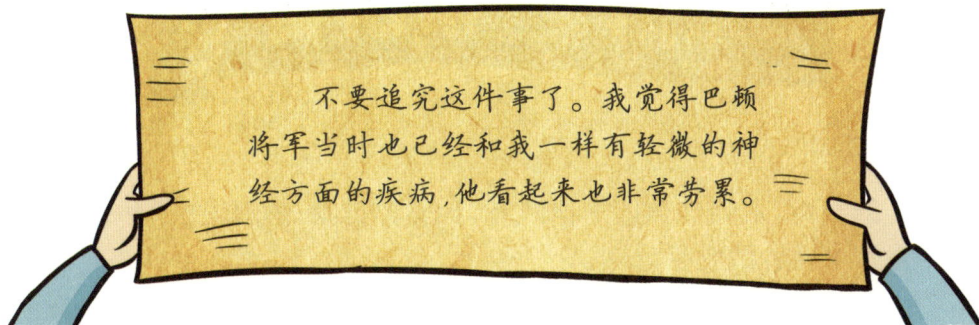

> 不要追究这件事了。我觉得巴顿将军当时也已经和我一样有轻微的神经方面的疾病，他看起来也非常劳累。

"打耳光"事件，成了我不光彩的一页，经常被讨厌我的人和八卦媒体拿来说事，反正库尔恢复了精神后，成了一名勇敢的战士。当他想把自己在对德军的最后一战中获得紫心勋章的消息告诉我时，我已经永远听不到他的话了。我在一场车祸中去世。

很多人问我为什么对胜利那么渴望，我常常告诉我的士兵：20年后，当你在壁炉边，孙子坐在你的膝盖上问你在两次世界大战时干了些什么，你不用尴尬地干咳一声，吞吞吐吐地说："啊……爷爷我当时在路易斯安那做农活。"与此相反，你可以说：

> 当年我在和那个坏脾气的乔治·巴顿并肩作战！

> 神经病！

军事英雄之胜利的象征 **朱可夫**

今天的主角，是纳粹德国的终结者，他号称苏德战场的救火队员。他的著作被奉为军事理论的宝贵财富。

他就是格奥尔吉·康斯坦丁诺维奇·朱可夫，是战争胜利的永恒保证。

> 声誉太高，让领导不爽了！说我公开造反。

> 讨厌钩心斗角，我还是回老家钓鱼吧。

格奥尔吉·康斯坦丁诺维奇·朱可夫出生于1896年12月1日，1974年6月18日去世，他是苏联著名的军事家和战略家。

1943年1月18日，朱可夫被授予苏联元帅军衔，是苏德战争中继斯大林之后第二位获此殊荣的苏军统帅，因其在苏德战争中的卓越功勋，被认为是第二次世界大战中最优秀的将领之一，也因此成为仅有的四次荣膺苏联英雄荣誉称号的两人之一。

> 别忘了我勃列日涅夫！我也是四次获得"苏联英雄"！

> 虚荣的家伙，朱可夫将军最后写回忆录，不把你的名字加进去都不让出版！太过分。

编辑

朱可夫在出版回忆录的时候，因为还未被平反，人们怕影响自己的前途，都不太愿意帮他。而总书记勃列日涅夫暗示，只要在回忆录中提到他，自己就会帮忙。最后编辑们编写了一段大名鼎鼎的朱可夫将军指名要见名不见经传的勃列日涅夫，却没见到的情节，这才让回忆录顺利出版。

关于这位伟大的军事英雄：

1. 出生在俄国卡卢加州斯特烈尔科夫卡村，爸爸是个做鞋子的匠人。
2. 小时候成绩就很好，非常喜欢学习。
3. 很勇敢，有指挥才能，有显著的军人特质：沉着冷静，不慌乱。

4. 毕业于伏龙芝军事学院，这所学校与英国桑赫斯特皇家军事学院、美国西点军校以及法国圣西尔军校并称世界"四大军校"。

几位第二次世界大战的将领有话说。

我毕业于西点军校,还是我的学校最厉害!

巴顿

就巴顿那点三脚猫功夫,哪儿有我的学校厉害,我是英国桑赫斯特皇家军事学院毕业的!

蒙哥马利

哈哈,我来自我们伟大的法兰西圣西尔军事学校!

戴高乐

谁都觉得自己的学校是最好的,我们就在战场上比个高下好了。

学校之间需要良性竞争嘛。

5.是位杰出的训练官,治军严格,当然,也会以身作则。朱可夫训练部队有三点:

· 勤走路。好的身体素质是必须锻炼的,能走的时候绝不坐车。

· 讲习惯。好的习惯是必不可少的,一个没有纪律的部队是不可能打胜仗的。

· 勤示范。关于这一点,我们举个例子吧。

士兵,你没擦鞋?

看我的!你要擦得跟我的鞋一样闪亮!

鞋油

将军示范

那么你一定会问,擦鞋和打仗有什么关系,对于朱可夫这样的军事天才来说,擦鞋这件小事肯定大有讲头的。

1. 态度决定一切,甚至是一场战争的胜败。

2. 事无大小,细节决定成败。

3. 从这种小事了解一个人的心态,朱可夫此时在观察士兵对战争的心态。

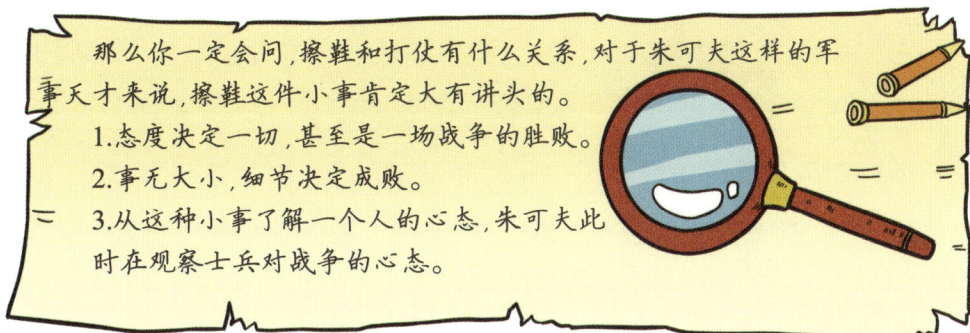

6. 他始终保持清醒的头脑,知道自己的优点,也知道自己的缺点。

7. 一位驻莫斯科的外交官曾评价朱可夫说:"他是所有苏联高官之中唯一一个敢于说真话的人,他个性耿直,从不撒谎。"

8. 那个时候,斯大林是苏联的绝对权威。他无视朱可夫的劝告,造成了苏联军人66万人丧生。事后斯大林只有向朱可夫求救,从此以后,朱可夫就成了斯大林的救火队,哪里危急,就被派到哪里去。

> 朱可夫总参谋长,现在你职位恢复了!

斯大林同志

> 要不是为了军人的生命我才不理你!

9. 代替斯大林检阅部队,参加胜利大阅兵。斯大林提出为了庆祝卫国战争的胜利举行大阅兵,按照惯例,应该由苏联的最高领导人来检阅部队,由于朱可夫军功卓著,斯大林将检阅部队的殊荣让给了朱可夫。

10. 是一位苏联的民族英雄。朱可夫誓死保卫他的国家,并取得了卫国战争的胜利。要不是朱可夫的高超谋略和果断指挥,苏联的卫国战争史或许要重新写。

11. 著有《回忆与思考》《在保卫首都的战斗中》《库尔斯克突出部》《在柏林方向上》等军事著作,记述了第二次世界大战苏德战场的许多著名战役,并阐述他的军事思想。

细心的军事英雄：

苏联元帅朱可夫善于观察，对一些别人看来微不足道的小事也不放过。正是这一点帮助朱可夫创造了一个又一个战场奇迹，立下了不朽功勋。

1945 年春，穷途末路的德军败退到奥得河—尼斯河西岸一线，他们集中了约 100 万人的兵力，1 万门火炮、迫击炮，3 300 架飞机和 1 500 辆坦克，企图阻止苏军攻占柏林。

这次，他的细心使他再一次创造了奇迹。

> 好亮啊！看来想晚上偷袭都没用！

他无意中发现照明用的普通探照灯后，灵机一动，想出了一个绝妙的作战方案：在黎明前发起进攻，用大量的大功率探照灯突然照射敌前沿阵地。

苏军把140多部探照灯连同所有坦克和卡车的车灯都一齐打开，耀眼的光线同时射向德军前沿阵地，照得德军眼花缭乱，乱作一团，甚至看不清苏军在哪儿。紧接着，朱可夫命令苏军数千门大炮、迫击炮和"喀秋莎"火箭炮开始猛烈轰击。德军的防御阵地很快陷入一片火海。

步兵和坦克部队在探照灯的"掩护"下，也迅速对敌发起攻击。没多久，苏军就以很小的代价攻克了德军的防御阵地，为攻克柏林打开了胜利之门。普普通通的探照灯到朱可夫手里竟然成了神奇的武器，人们由衷地钦佩他。

从士兵到元帅：

1.困难的童年给了我坚韧不拔的性格

1896年，我出生在卡卢加州一个非常贫穷的小村庄里，我家的房子非常破旧，周边长满了绿草和青苔，房子小得只能刚好容纳我们一家人居住。不过挤一挤更暖和，总比冻死在外边强。我很会安慰自己吧，凡事就要朝积极的方面去想。

看我们一家多和睦！

我的爸爸是一个穷鞋匠，他有时候会在一家农场干些零活。在五岁的时候，我去念了小学，我很珍惜这上学的机会，努力学习，成绩非常好。

我十一岁的时候，家里实在无力让我继续读书，就这样，我只读了三年小学，就来到了莫斯科跟着做皮匠的舅舅当起了学徒。在五年艰辛的学徒期间，我从来没有放弃过自学，后来我还通过了市立中学的考试。但是我并没有去上，因为那个时候我更愿意多赚点钱，帮助爸爸妈妈养家糊口。

叫你吃饭就不要看书了！

我并非喜欢这种艰苦的生活，但是我更感激这生活磨炼了我的性格，让我以后在战场上越挫越勇，不害怕那些困难的该死的战争。

后来，我应征入伍进了骑兵部队，参加了第一次世界大战，并且因为我作战勇敢，两次获得了勋章。一次是我活捉了一个德国士兵，一次是我身负重伤。

经过战场的洗礼，我的军事生涯轰轰烈烈地开始了。

2.诺门坎事件,狠狠教训了日本人

1939 年 9 月，日本人在哈勒哈河地区进行武装挑衅，远东形势紧张。我被任命为驻外蒙古苏军第 1 集团军司令员，指挥对日作战。我在短时间内成功地组织和实施了哈勒哈河战役，虽然我们最后胜利了，可 9 000 名苏联军人和 5 万名日本士兵付出了生命，每当想到这些，我就觉得我们应该更珍惜和平。

在这一仗中，我得到了我的国家的认可，我的指挥才能和组织能力得到了施展。我这次利用协调步兵、炮兵、坦克兵和航空兵的行动，大胆实施迂回包围，出敌不意地歼灭日军主力。我的集中使用坦克的理论也在实战中得到印证。我胜利回到莫斯科后，受到所有人的赞扬，还获得了"苏联英雄"的称号。

3.战斗,保卫我的国家和人民

第二次世界大战惨烈无比,作为一个军人,我的责任就是保家卫国取得胜利。在众多的战斗中,有四次我觉得应该拿来讲一讲!

☭ 列宁格勒①——被围困 900 天的革命摇篮

这次战争进行得异常艰苦,看看当时盟国的报纸截图:

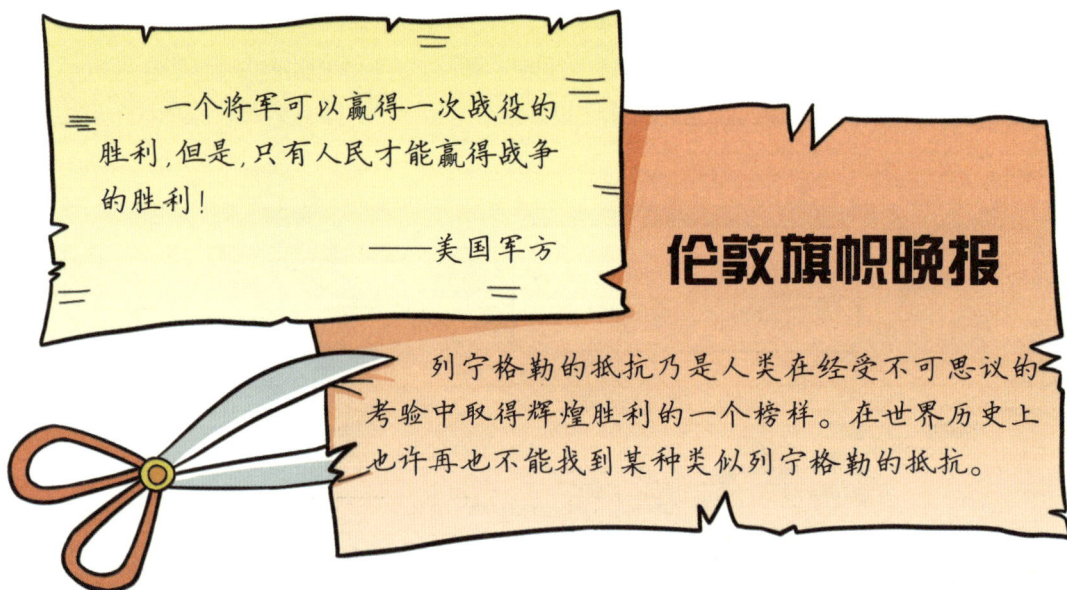

> 一个将军可以赢得一次战役的胜利,但是,只有人民才能赢得战争的胜利!
>
> ——美国军方

伦敦旗帜晚报

列宁格勒的抵抗乃是人类在经受不可思议的考验中取得辉煌胜利的一个榜样。在世界历史上也许再也不能找到某种类似列宁格勒的抵抗。

我们被德国侵略者围困了 900 天,在可怕的严寒中,我的战士们和平民有的冻死、有的饿死,他们所期待的不过是一顿热饭,可是我们最终坚持了下来。

保温桶

---

① 列宁格勒,今为圣彼得堡。

当我到达列宁格勒方面军军事委员会所在地时，人们正在讨论列宁格勒一旦失守将怎么办。我当场表明了我的态度。

> 永远不要考虑列宁格勒一旦失守怎么办，列宁格勒不能失守！

> 不是列宁格勒惧怕死亡，而是死亡惧怕列宁格勒！

我领导下的方面军军事委员会做出了第一个决定：即使战至最后一人，也要守住列宁格勒。我迅速调整了部署，采取了种种有效的防御措施。我把高射炮等几乎所有类型的大炮集中起来，准备给德军开个盛大的"烟火大会"。这个时候德军装甲兵团还认为列宁格勒已唾手可得。

> 列宁格勒的包围圈越缩越紧，该城的攻陷指日可待。

结果如我所料，在我军密集的炮火打击之下，德军装甲部队有多少人被炸死，谁也说不清。

> 超人是我小时候的梦想！

到了9月底，我们方面军在所有阵地上的战斗激烈程度都明显减弱，整个战线稳定下来。

> 是朱可夫将军的意志阻挡了德国人吗？

> 将军也许才是最可怕的人，那么恐怖的德军装甲部队竟然被他打败了。

德军的进攻已被遏止，因伤亡惨重而转入防御。但他们并没有放弃攻占苏联的野心，残余的德国机械化部队正在由列宁格勒往南大规模运动，显然是被调往莫斯科。

> 快回来守莫斯科！我的安全受到了严重威胁！

> ……

于是，我又坐飞机赶赴莫斯科了。

无路可退——莫斯科保卫战

1941 年 10 月 7 日傍晚，我到达莫斯科，刚下飞机就直接前往克里姆林宫，向斯大林汇报情况。他也开门见山地指着地图介绍当前局势。

西方面军的情况很不好。但是不知道具体问题，你马上到西方面军司令部去了解情况。

也太混乱了。

在 9 月底的时候，德军距离莫斯科只有 300~400 公里，德军统帅部制订了"台风"作战计划。他们企图从北、西、南三个方向用分割和围困的方法消灭我们的主力，争取在入冬前攻下莫斯科。在战斗开始后的一星期内，德军突破了我军的第一道防线，我军的多个集团军被围。

强大的德国军队已经在莫斯科消灭了苏军 65 万人！

元首今天的胃口很好！

就是在这样的背景下,我来到了莫斯科。我很快摸清了情况——主要危险在防御薄弱的莫扎伊斯克一线,敌人的坦克可以突然冲往莫斯科,必须尽快往这里调集部队。10月9日晚,斯大林决定将西方面军和预备队合并,由我指挥。

团结就是力量!

打错了!
自己人!

我将已被打散而各自为战的西方面军各部集结起来,顽强抵抗德军的突击。

11月1日,斯大林问我,形势是否允许莫斯科举行十月革命节阅兵式。我做了肯定的回答。11月7日清晨,红场上举行了隆重的阅兵仪式,全副武装的红军威武地走过红场,直接开赴前线。这次阅兵式向世界宣告,莫斯科是不可战胜的,苏军必将打败法西斯侵略者。

12月初,德军人员和武器装备供应不上,苏联的严寒对他们来说是前所未有的困境,德军大量减员,士气下降,而我们则越战越强,最终粉碎了德军的狂妄企图,扭转了战场形势,给了全世界抗击法西斯的人民以巨大鼓舞。

地狱熔炉——英雄的斯大林格勒①

斯大林格勒保卫战是第二次世界大战的转折点，这场战役可以说是近代历史上最为血腥的战役，我们双方伤亡超过200万人。对经历了残酷战争的我们来说，斯大林格勒有战争最需要的石油、粮食和重要的工业基地，于是它成为下一个争夺的地点。

激烈程度：

德军派出了17万人的部队、500辆坦克，每天还出动上千架次飞机，把100多万颗炸弹投向这座城市，斯大林格勒的建筑几乎全被炸毁。

苏联人民和军队在这种空前的压力下团结起来，进行了英勇的抵抗。人人手执武器在废墟中同冲进市区的德军展开搏斗。为了打败法西斯，我们的人民和军队都付出了极大的牺牲。1942年9月13日到26日，德军几乎每天伤亡3000多人，但仍然不能占领全城。德军的士气一天天低落下去，一个德国士兵在家信中哀叹："我们不久就可以占领斯大林格勒，但是它仍然在我们面前——相距如此之近，却同时又像月亮那样遥远。"这样的日子持续了半年。

---

① 斯大林格勒，今为伏尔加格勒。

最后的胜利——攻克柏林

斯大林格勒战役给德国法西斯以致命的打击,德军再也无力进行大规模的进攻了,他们一步步后撤。苏联红军则开始大反攻,收复失地,攻入德国本土。

面对近在咫尺的柏林,我并没有一下子冲进去。因为在之前的奥得河战役中,苏军的损失也非常大。一来有德军重兵集团的拼死抵抗,二来随着补给线的不断延长,部队得不到及时供给,战斗力下降,为此我们必须进行重大调整和修整后才能够对柏林发起有效的进攻。

> 在瞬息万变的战场上,要根据变化了的情况,及时调整部队的作战计划,做到实事求是,而不急功近利。

为了打好攻克柏林这一历史性战役,我派航空侦察兵对柏林地区进行了六次空中拍照,制作了精确的模型,绘制了极详细的作战图,进行了协同行动演练,采取了后勤保密措施。进攻日到了,天还没亮我就再次使用探照灯战术,然后我军大炮、飞机开始狂轰滥炸。花了六天时间,终于突破了重重防御攻入柏林市区,一天之内摧毁300个街头据点,最终攻入了柏林国会大厦。

战斗胜利了,战士们把苏联国旗插上国会大厦圆顶。

> 笑一个!

> 茄子!

希特勒的疯狂与短视,德国整体经济不振和长期作战带给国内的沉重压力都是其致命的硬伤,而苏军用几次重大战役的胜利为自己争取了时间和空间。一口气缓过来,战局就会有天壤之别。用局部战役的失利换取整个战局的主动是我一贯的指挥作风。对于不利于战局的突击和反攻,我是绝对不干的。关于这一点,我的领导斯大林不高兴很久了。

> 不谦虚,过于傲慢,把对胜利的决定性作用归于自己。

但是后来战局的发展证明我是正确的。我在苏联军人中,获得的勋章最多、等级最高,我死后被后世视为战场胜利的永恒象征。

> 有一天肯定会有另一种俄国勋章,那就是朱可夫勋章。

> 这种勋章将被每一个赞赏军人勇敢、眼光、坚毅和决心的人所珍视。

> 因为我实事求是!

美军五星上将、美国总统艾森豪威尔

常胜

风云战神 韩信

不会抢了我的皇帝的宝座吧，这宝座等于是他打仗得来的。

大汉的第一大将军啊！佩服佩服！

是你帮了那个姓刘的家伙，才让我无颜面对老家的人！

这么厉害，功高权重的大将不能留……

在我们下象棋的棋盘上，中间写着"楚河汉界"四个字，这是秦朝末年，刘邦和项羽共同争着做皇帝的时候，两军对峙的一条界河。当楚汉相争的时候，汉军原本比较弱小，可是在刘邦不停地招贤纳士之后，他的军队越来越强大，两军的差距越来越小，直到公元前202年，楚军与汉军讲和，决定以鸿沟为界两分天下。而帮助汉军在战争中最终跨过鸿沟、完成中原大地的统一的，正是大将军韩信。

有首诗是这么描述韩信的：

嘿嘿，我就是韩信！

《韩信庙》
（唐）刘禹锡
将略兵机命世雄，
仓皇钟室念蒯通。
遂令后代登坛者，
每一寻思怕立功。

韩信是个"将、相、王、侯"集于一身的人。刘邦拜他为将、任他为相、封他为齐王，他在楚汉战争中为刘邦夺得江山，继而被改封为楚王。因功高震主，遭到猜疑，又被贬为淮阴侯。曾被关进监狱，看管监狱的人敬重他，一次又一次向他恳求兵法。韩信画地布阵，设楚河汉界，以纸片代棋子，演示教习。看管监狱的人潜心钻研，画格于纸，削木为棋，终成象棋。韩信也被称为"象棋之祖"。

快削快削！

生平简介：

韩信（约前231年—前196年），淮阴（今江苏淮安）人，军事家，是西汉开国名将，"汉初三杰"之一，他留下了许多著名的战例和战法。韩信为汉朝的建立立下了汗马功劳，不过汉高祖刘邦战胜主要对手项羽后，韩信的势力被一再削弱；最后，韩信由于被告造反，被吕雉（即吕后）及萧何骗入宫内，处死于长乐宫。

啊！中了小人的暗算！

哈哈哈哈！

举起手来！

韩信是中国军事思想"谋战"派代表人物，被后人奉为"兵仙""战神"。"国士无双""功高无二，略不世出"是楚汉之时人们对他的评价。

个人简历

姓名：韩信

生日：公元前231年

大将军工作经历：

1.显示才能

刚开始的老板是项羽，给了他一个随从的工作……

项老板，上次我说的军队改革的建议您什么时候采纳啊？

以后再说！没看到我在忙么！

2.另找出路

如果继续在项羽那里待下去,恐怕一辈子都展现不了自己的才华。正好他遇上了赏识他的萧何,于是……

> 韩老弟,跟着我包你有吃有喝!哈哈哈!

> 好像是个不错的老板……

> 我就知道他有才能!我推荐对了!

刘邦

萧何

3.盖世功劳

韩信有了功劳,刘邦一再地表扬奖励他。直到刘邦觉得除了皇帝的宝座,再没什么可奖励他的了,这也成为杀死韩信的理由。

> 赏赐?似乎没必要……我现在是一人之下万人之上啊……

> 你功劳太大了。

> 总不能把皇位赏给他!

大将军的成功课堂:

1.滴水之恩,涌泉相报

我小时候家里很穷,是个孤儿,无依无靠。我虽然用功读书、拼命练习武功,生活却仍然很艰难。为了活下去,我只好到河边去钓鱼,用鱼换点饭吃,也还是经常吃不饱。淮水边上有个为人家漂洗纱絮的老妇人,人称"漂母",她看到我的状况非常同情我,就把自己的饭菜分给我吃。天天如此,从来没有间断过,让我非常感动。后来,我当官了,有钱了,便派了好多人去找她老人家,送了

好多金银给她，我要好好报答这位老人，照顾她的晚年生活。

2.男子汉大丈夫能屈能伸

我在没出名的时候，喜欢佩戴着刀剑在街上行走，有个屠夫嘲笑我，说我根本不敢用刀剑刺人，如果不敢刺他就从他胯下钻过去。我不可能去刺一个无辜的人，但是他带了一大帮人，我也不可能顺利离开，所以我便从他胯下钻了过去，这件事让所有人都以为我是个胆小鬼。

这只是能看清形势！

果然是个没用的家伙！这胯下之辱你就受一辈子吧！

HA HA HA

3.虚心求教

广武君是个非常有才华的人，他是赵国的谋臣，可是赵国的成安君却不用他的计策。我打败了赵国后，广武君投降了。我知道他是个非常有智慧的人，很想向他求教，在我要攻打燕国的时候，就去找他商量。

我是个被你打败的俘虏，有什么资格来和你一起商议大事呢？

我知道，当初如果成安君按照你的计策，那失败的就是我了，我现在真诚地请教您，请您不要再拒绝了。

这人真是个厉害人物！

4.数学学得好,打仗用得着

关于我有个小故事,有次我带 1 500 名兵士打仗,战死不少人,剩下的人 3 人站一排,多出 2 人;5 人站一排,多出 4 人;7 人站一排,多出 6 人。我马上说出了人数:1 049。所以说,不管什么时候学习知识都是大有用处的。

5.兵仙神帅

大家对我的称呼让我很开心,以我的战绩,我应该可以很自豪地来请大家看看"战神"的经典战役!

下面是战神的经典战役：

1.陈仓之战——充分显示了军事才华

汉高祖元年(前206年)六月，刘邦封我为大将，我以"汉中策"帮助刘邦确定"东向争权天下"的方略。八月，我乘项羽进攻齐地(今山东大部)田荣之机，出兵东征。

出征之前，我先派樊哙、周勃率1万多士兵假装修复被刘邦进汉中时烧毁的栈道，可是这条路没个一年半载根本修不好。所以陈仓的守军完全放松了警惕。

对手的反应正合我意，他们都盯上了我正在修的这条路，主力被引诱到了栈道一线，而我却率大军西出勉县转折北上，顺陈仓小道入秦川，渡渭河于陈仓渡口，倒攻大散关。

就这样，我的突然袭击成功了，轻而易举地拿下了陈仓，打开了通往关中的大门。

来抓我啊！

不好！中计了！

雍王章邯从废丘（雍都，今陕西兴平东南）仓促率军援助陈仓，被汉军击败后逃至废丘、好畤（今陕西乾县东），汉军分两路追击，在壤东（今陕西武功东南）、好畤两地再败雍军，进围章邯残部于废丘。紧接着汉军主力挥师东进，占领了三秦，奠定了与项羽争雄天下的基础。

当初真是看走了眼！

你当时压根都没看人家吧！

这就是我所指挥的第一个战役，我在这之后一下子出名了。后来也有很多人夸奖我，说我创造了战争史上由汉中进夺关中的战例典范。

2.京索之战——充分显示了指挥才能

汉高祖二年（前205年）四月，刘邦在彭城打了败仗。

于是，我赶到荥阳前线，利用荥阳有利地形，组织起了多层次的战略防御体系，多次击败楚军于京、索之间，歼灭了不断西进的楚军前锋，止住了我方战略溃败的颓势。

我不仅阻止了楚军的追击和进攻，还不时抓住战机，组织必要而适当的反攻。我派曹参、灌婴、靳歙等

将领分别出击，先后夺回了雍丘（今河南杞县）、外黄（今河南兰考东南）、燕县（今河南长垣西北）、衍氏（今河南郑州市北）、武强（今河南郑州市东北）、菑南（今河南民权东）、昆阳（今河南叶县）、叶县（今河南叶县西南）等地，消灭了这些地区的楚军以及叛汉投楚的势力。

我把战线由荥阳向东推进,协助刘邦,重点部署了由荥阳至成皋(今河南荥阳汜水镇)、巩县(今河南巩义市)、洛阳的纵深防御。依托这一带的有利地形,一边拖住项羽的主力,一边组织刘邦的大军撤退。同时开始准备抵抗项羽新的进攻,阻止其连续突破。这样,北起荥阳南至南阳,西起洛阳东至外黄,构成一个纵横数百里的正面战场,项羽西进的兵锋顿挫,战线最后在荥阳稳定了下来,楚汉斗争形势由汉的极度劣势转入对峙的状态。

我在刘邦彭城惨败之时,阻止了楚军乘胜入关,稳定了战局,经营起了一个强大的正面战场,使刘邦转危为安,为夺取下一阶段战争的胜利奠定了基础。所有这些,都是在汉高祖二年(前205年)五月至七月完成的,那一刻,我觉得我的指挥才能得到了充分的展现。

3.垓下之战——统一了中原,奠定了汉王朝四百年基业

汉高祖五年(前202年)十二月……
那天我亲自带领30万士兵发动了历史上有名的"垓下之战"!

汉军总兵力有七八十万

打完这场仗，一切都可以结束了。

上！

雄姿英发的我与拔山盖世的项羽在垓下谱写了一篇壮丽凄绝的英雄史诗。我与项羽的对垒被后来人称为"天王对决"。并且我知道后世对这场战役的评价是：这是两位卓越军事家的激情碰撞，是智慧的交集，也是命运的对决！

> 注定要败在我手下的人又何必如此期待结束！

项羽兵力约10万

我亲率汉军发动攻势，初战诈败而退，避开楚军锐气，然后引兵后撤。我一后撤，项羽就向前追击。这时，事先安排好的接应部队立即从左右两边突然杀出，猛攻楚军侧面。在项羽大军穷于应付两侧的进攻时我又引兵杀回，将楚军三面包围，双方激战一日，楚军终于失败，大部被歼。我又用"四面楚歌"瓦解敌人的斗志。楚军在夜间听到四面八方传来楚地的歌声，以为汉军已尽得楚地，士气崩溃。项羽率800人乘夜向南突围，汉军发觉后，派灌婴率5 000骑兵追击。项羽败退至乌江，无奈之下自刎身亡。

垓下之战，是楚汉相争中决定性的战役，它既是楚汉相争的终结点，又是汉王朝繁荣强盛的起点，更是中国历史上具有里程碑意义的转折点。这场战役之后，秦末的混战局面结束，汉王朝开始了它400年的统治。

生得伟大，死得窝囊

关于韩信的死，他有一句临终遗言。

狡兔死，走狗烹；飞鸟尽，良弓藏。

这句话的意思是说打猎的时候，追赶的兔子死完了，猎狗就没用了，被煮了吃掉，而飞鸟被打完了之后，再好的弓也没用了，干脆收起来了。这句话还有后面的最后一句，那就是"敌国破，谋臣亡"。韩信的临终遗言是指一个人失去了利用价值，就被杀掉或者落得比别人更惨的下场。

要是你在我们秦朝多好，我待我的功臣们可好了，没舍得杀过一个。

说什么也没用，可惜我跟的是刘邦不是你啊。

严格来说，韩信并不是被刘邦杀的。只不过作为一个皇帝，任何一个对他的皇位有潜在威胁的人死了，他不会不高兴。不过由于韩信的确是个人才，所以刘邦对怎么处理他一直很犹豫。刘邦的妻子吕后是个女强人，她非常干脆地替他干了这件事。当时有人通风报信，说韩信准备协助另一名大将造反，吕后想来想去，让萧何以朋友身份把韩信请到宫中，然后趁机杀了他。

你真心想帮我除掉韩信？

虽然我和他是朋友，不过他想造反实在是太大不敬了。您就说皇上打了胜仗，把他骗到宫里，然后一不做二不休……

当时汉王朝的主要宫殿有两座：一座叫未央宫，是皇帝住的；一座是长乐宫，是皇后住的。因为这期间是吕后在主政，所以韩信去了长乐宫。

长乐宫两边早就埋伏好了，当韩信刚走进去，吕后一声断喝，预先埋伏的武士一拥而上将他捆起来时，他这才发现"好朋友"萧何早已无影无踪了。

这件事也给历史留下了一句"成也萧何，败也萧何"的叹息。

公元前196年1月，大汉开国元勋淮阴侯韩信就这样被吕后斩杀了，年仅三十五岁。

下面的，你怎么死的啊！

唉，我一直想报答的恩人，我的好朋友萧何出卖了我。

生死

魂

精忠报国的千古一将 **岳飞**

杭州美食报

热烈庆祝大肉面和荷叶粉蒸肉成为杭州市民最爱的特色美食！市长今天请全市人民免费吃！

大肉面　　　　荷叶粉蒸肉

杭州的特色面和招牌菜，都是有来历的，它们都和一位精忠报国的将军有关，他就是岳飞。

大肉面是我岳飞生前吃的最后一碗面！

我一直无法忘记这个味道~

特色面的来历：

岳飞在外抵抗敌军时，皇帝连发十二道金牌（也就是现在的紧急电报）催他回朝。在回去的路上，岳飞遇见了一位老方丈，老方丈对他很热情，担心他受坏人陷害，怕皇帝找他没好事儿，可是又不能明明白白地说，就做了一碗面给他吃，却把肉藏在面的底下。

怎么连肉都没有，太小气了！

肉居然在碗底！难道方丈是在劝我造反？

原来老方丈是让岳飞"要翻"，就是提醒他要造反。可是岳飞非常忠诚，他的理想就是收复中原，也不愿怀疑皇上，老方丈也不好再劝了。岳飞离开老方丈去见皇帝后，被坏人陷害，不久死于风波亭。岳飞死的消息传开，关于这碗面的故事也流传开来，这种面也开始流行。后来，终于给岳飞平反了，人们开始把肉放在上面，成了好吃又便宜的大肉面，经过世世代代传下来，现在又有了大排面、子排面，成了杭州的特色面。

太好吃了，老板再来一碗大肉面！

似乎有忠诚的味道！

我的忠臣啊！马上全国推广！

老百姓

官员

皇帝

荷叶粉蒸肉的来历

岳飞被害后，人们用各种方式纪念他。老百姓买了老酒和荤素菜肴到岳飞坟上祭祀。有一天，有人用来包熟肉的纸破了，他就顺手在西湖里摘了张新鲜荷叶，将肉包起来，祭完回家，将肉包在荷叶里一起蒸熟后食用，意外地发现荷叶包着的肉，味道更清香可口了。传来传去，后来人们都用荷叶包肉来祭祀岳飞了。

饭店生意太差了，我要破产啦！

酒店

无名酒店

三年都无人光顾的酒店

自从有了荷叶粉蒸肉这道菜，每天都是人山人海！

酒店

无名酒店

就这样，荷叶粉蒸肉也传了数百年，现在已成为杭州的一道传统名菜。

生平简介：

岳飞，字鹏举，1103年3月24日—1142年1月27日，河南相州汤阴（今河南安阳市汤阴县）永和乡孝悌里人，南宋名将。

岳飞一生与来自北方的侵略者——女真人建立的金国作战，为宋王朝抵御异族侵略，但是最后却受到南宋统治者的猜忌而被杀害。岳飞被誉为南宋最杰出的军事统帅，是联结河朔、夹击金兵的策略的创造者，同时又是两宋以来最年轻的建节封侯者。宋孝宗淳熙六年(1169年)追谥武穆，宋宁宗嘉定四年(1211年)追封鄂王，故后人也称他为"岳武穆"或"岳王"。

> 我真后悔猜忌岳飞！

关于这位了不起的大将军，先来看看他身边的人怎么说吧：

战友说

> 他是大家的榜样！

敌人说

> 他是位伟大的将军，我服了他了！

皇帝说

> 他让我觉得自己就是个笨蛋！

同事说

> 岳飞是个坏人，我讨厌他！

妈妈说

> 他是个非常孝顺的孩子。

妻子说

> 岳飞很节俭，自从和他结婚，我就没有穿过一件好衣服！

他的粉丝说

他不但武功高、读书多,而且书法也很好,写的文章也是一流的。

满江红:
三十功名尘与土,
八千里路云和月。
莫等闲,
白了少年头,
空悲切!

熟悉他的人说

岳飞是个性格直爽的人,从来不去巴结人。

他自己说

我一生的理想就是收复被金兵占领的中原地区。

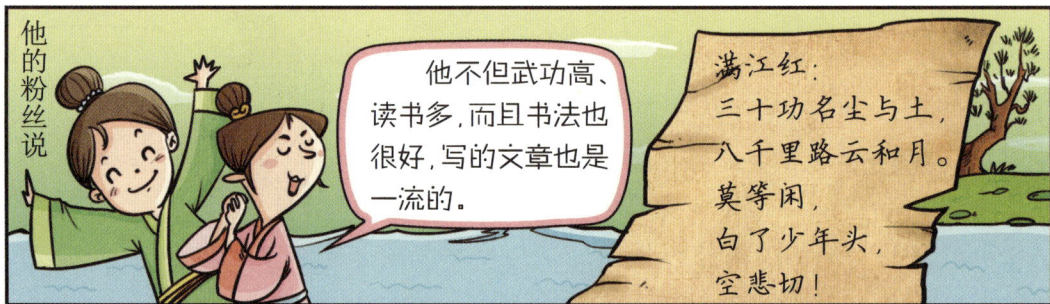

岳飞和他创建的百战百胜的岳家军:

岳家军的创建者是岳飞,可这个称呼是人民喊的,并不是皇帝让这么称呼的,所以,岳家军的名声越来越大,甚至敌人听到就会被吓倒时,皇帝也开始产生了猜忌,这也可能是害死岳飞的原因之一。

尊敬的皇上:
　　由于我们的对手是大名鼎鼎的岳飞率领的岳家军,他们实在是太厉害了,我宁愿与外星人作战,也不想与他为敌!

您最爱的将军:兀术

岳飞的理想就是收复被金兵占领的中原,他对自己要求十分严格,对他的士兵又很关爱,对待士兵就像自己的亲人一样。

1. 如果士兵受伤了，他亲自去看望，询问伤情。

2. 如果知道士兵家里有什么麻烦，他会帮助解决。

3. 他会安排照顾士兵的家人。

　　所以，岳飞领导的岳家军在和敌人打仗的时候十分勇猛，他们可谓是百战百胜，从不退缩。

　　每当收复一个地方，岳飞首先做的就是慰问当地的老百姓，让他们的日子过好，并且要求自己的士兵，就算饿死也不能吃老百姓的粮食，冻死也不能住老百姓的房子。岳飞下达的这些命令让大家非常尊敬他，老百姓非常欢迎岳家军，也非常爱戴他们，愿意跟随岳飞的人也越来越多，许多年轻人都想到岳飞的部队当兵，连很多起义军也来投靠他。

岳将军！等一等！

对不起，我有老婆啦！

岳将军！别跑！

千古一将的人生大讲堂：

1.穷人的孩子早当家

先来听听我出生时的一个小故事吧！

你出生时，有只大鹏鸟在房顶上突然展翅高飞冲上云霄，我就给你取名叫作岳飞。

大鹏鸟难道是这样的？

其实，我家里很穷，我很小的时候就要帮助家里干活，五六岁就上山砍柴、割草，我很羡慕那些能去上学的孩子。我就缠着爸爸要去学习认字，可是家里没钱买纸和笔，我就只好用树枝在沙地上练习写字。我很珍惜学习的机会，加上小孩子记性好，我很快就认识了好多字。我也喜欢练武，因为我想保护我的家，还要保护我的国家。

嗨，岳飞！这个字怎么念？

念"奔"。

岳飞好棒好棒！

后来，我就拜了师父，我的师父叫周侗，他不仅书教得好，而且武功非常厉害。他很喜欢我，觉得我聪明好学，是个好学生，所以他不但教我文学，还教我武功。在老师的教导下，我把兵书很熟悉地记在了心里，我的武功也一天比一天好。加上我天生神力，后来就算是300斤的大弓也能轻松拉开并且百发百中。

对了，我还有一个非常严格的妈妈。我很爱她，她常常告诉我，要好好地学本领，也要好好地学做人。好的品德是最重要的，如果有了本领不做好事情，那对社会危害更大。我牢牢记住了妈妈的话，小时候做个好孩子，长大了做个保家卫国的有用的人。

1126年，我23岁，参加了抵抗金朝侵略的战争，在战场上把学的功夫都用上了。一次又一次的残酷战斗把我从小兵锻炼成了一名将领，我终于开始自己领兵作战了。

2.大战拐子马——抓住弱点，一举击破

在郾城之战时，我的岳家背嵬军先以步兵破金军精锐部队"拐子马"，再以极少的骑兵砍杀敌军，大败金兀术的精骑兵部队 15 000 人。

亲爱的皇上：

这次战斗在我的指挥下，杀得敌人四处逃窜！希望您不要沉迷在游戏里，看看现实世界。

最爱您的岳飞

随后在金兀术带领 3 万骑兵攻打颍昌时，我的大儿子岳云率背嵬军 800 骑兵，杀得兀术"人为血人、马为血马"，等宋军大部队到达后，"杀兀术婿夏金吾、副统军粘罕索孛堇，兀术遁去"。

既然老天爷让我做了大将，为什么偏偏给我派了个敌人岳飞！

岳飞，我恨你！

会打仗有什么了不起，看我怎么收拾你岳飞！

我吓~

3.十二道金牌——为国家尽忠，问心无愧

在我们就要完全胜利的时刻，我收到了莫名其妙的命令，皇帝要求我们立刻撤兵，并且一口气发了十二条同样的命令，也就是十二道金牌来催我。

岳飞要打胜仗了，等哥哥被放回来了，我还能做皇帝吗？

你哥哥回来，皇帝就是你哥哥的。

于是，他们制订了罪恶计划，要求我全线撤兵！

令你东西两线收兵，孤军不可久留，立刻撤兵！

我明明知道这是奸臣设计的陷阱，但为了保存抗金实力，我只得忍痛撤兵。我很难过："十年之功，废于一旦！所得诸郡，一朝全休！社稷江山，难以中兴！乾坤世界，无由再复！"我知道，我的理想恐怕再也不能实现了。

你是我们的大英雄！不要离开我们啊！

我能做的，我已经尽力做了，我自然是问心无愧。可是皇帝和大奸臣秦桧给我安了一个"莫须有"的罪名，把我杀掉了。

只要杀掉岳飞，这个就送给你，再送给皇帝，你的地位就更高了。

当然没问题啦！

岳飞兵多粮足，还不肯回来，肯定是要谋反！

敢谋反那就杀！

我尽忠而死，只可惜不能杀更多敌人了。

岳家军的核心人员

岳

杨再兴

梁兴

姚政

董先

张宪

王贵

徐庆

牛皋

岳飞

岳云

岳家军的部队和战法

岳家军采用由兵车战法演变而来的战法打击金军的重装骑兵。

1.重型盾牌兵：手持大型盾牌的防御性士兵，保护其他的兵种。

2.弓手：在200米时试射成功，则弓手齐射。

重型盾牌兵

弩手

3. 弩手：弓弩在300米时先由一人试射，如果能打到敌骑兵阵内，则弩手齐射！

4. 钩镰兵：敌军骑兵进入宋军阵中，持超长钩枪的宋军钩砍金军骑兵的马腿，使金军马阵溃散。

弓手

钩镰兵

超级军事家 孙武

传说中的兵圣——孙武，是一个让人尊敬的人。

不会吧，那不是曹操写的吗？

《孙子兵法》？孙悟空？

我以为《孙子兵法》是一位没有名字的隐居山林的人写的。

伟大的军事家孙武，大家尊称他为孙子！在古代，子是尊称！他写了一本军事畅销书——《孙子兵法》。

如果你和他们有一样的疑问，那么快点来补一补课吧！

不要再问"孙子是谁""《孙子兵法》是谁写的"这种问题了！如果你还有疑问，那来看看最权威的专家们的解释吧！

权威认证

孙武研究委员会

1972年4月，在山东临沂银雀山发掘的两座汉代墓葬中，发现了用竹简写成的《孙子兵法》和《孙膑兵法》。《孙子兵法》的作者被确认为春秋时期吴国的将军孙武。

到我出场啦！

孙武（约前545—约前470年），字长卿，汉族，中国春秋时期齐国乐安（今山东惠民，一说博兴，或说广饶）人，著名军事家。他的生卒年份其实并不明确，大家只能根据他指挥过的战役大致推断出他生活的年代。

孙子曾率领吴国军队大破楚国军队，占领了楚的国都郢城，几乎灭亡楚国。著有巨作《孙子兵法》十三篇，为后世兵法家所崇拜，被誉为"兵学圣典"，还被译为英文、法文、德文、日文，成为世界上最著名的兵学典范之书。

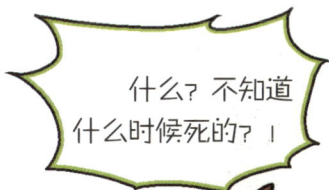

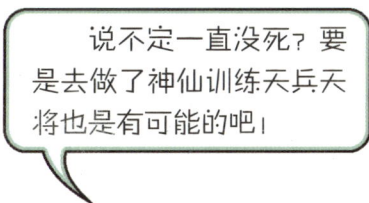

什么？不知道什么时候死的？！

说不定一直没死？要是去做了神仙训练天兵天将也是有可能的吧！

生死

关于这位超级军事家：

1. 出生在精通军事的贵族家庭，从小就接触到了大量的军事资料。

2. 有一位非常好的朋友——伍子胥，他七次向吴王推荐孙武。有了伍子胥的强烈推荐，孙武才有机会展现自己的军事才能。

大王，孙武是最懂战术的人！

孙武给了你什么好处？我都没听说过这人！

这就是人才识人才吧！

3. 孙武到了吴国，很快就展现出自己的本领。他帮吴王打了很多看起来不可能打胜的战争。

只要掌握方法，一切迎刃而解！

有一次,孙武只带了3万士兵,打败了楚国的20万大军。

难道孙将军有先进武器?

怎么可能,这不是穿越剧!

那是怎么胜利的呢?

战略,智慧!

4.对孙武来说,这样以少胜多是经常的事。其实,孙武并不喜欢战争,他热爱和平,他最喜欢的还是不用打仗就获得胜利。

要打仗了,我得好好地计划。

孙武的作战方案:
· 敌人太多了,想办法分散他们,然后再分别消灭他们。
· 奖励士兵,打胜仗的话每个人都有奖励,除了奖状,还可以奖励耕牛等等。
· 安慰士兵,给他们心理上的援助。向士兵宣称:我们有30万人,大王说了,会增加更多的士兵来帮助我们。

其实，大王一个兵也没增加，可是这样说的话，士兵的信心增加了，敌人的士兵听到消息也开始慌乱了。

就连乱世英雄曹操都是孙武的"粉丝"。

孙武把自己一生的用兵经验写成了一本军事奇书，也就是《孙子兵法》，被曹操奉为神作。

超级军事家的超级兵法《孙子兵法》

和孙武的名字一样,《孙子兵法》也有很多的叫法。

> 《孙子兵法》又称《孙武兵法》《吴孙子兵法》《孙子兵书》《孙武兵书》等,还有英文名为 *The Art of War*。

> 我头都晕了!

> 怎么还有吴孙子?难道他姓吴?他不是姓孙吗?

> 因为他是吴国的功臣啊!

在世界上,《孙子兵法》、克劳塞维茨写的《战争论》、宫本武藏写的《五轮书》都是非常有名的兵书。而《孙子兵法》不仅是一部兵书,它还是华夏文明的智慧结晶,被现代社会广泛运用于政治斗争、商业竞争中。

> 这夸得我都不好意思了……

孙子的兵法秀场

《孙子兵法》全书共十三篇，不到六千字。吴国士兵就靠着这本书中的思想以少胜多，取得了胜利。

敌人人多，把他们分开，引进陷阱里再消灭他们！

兵贵在神速，夺取会战的先机之利。

肉！！

吴国哪来这么多人，我的士兵们哪儿去了？都被消灭了？

要速战速决，这一仗要是持续太久的话，我们的军粮就不够了！

吴

虽然我们只有3万，但听说还有27万在路上！哈哈哈……

如果打赢了，还有大奖等我拿！

《孙子兵法》不仅在我国畅销，也被翻译成了多国文字，成了全世界的军事畅销书。

> 相信这本书，没错！

> 我可是了不起的法国皇帝拿破仑啊！

现在，很多企业家和经济学家还把《孙子兵法》运用到了企业管理中去。真的是一本超级经典的书。

孙武的军事课堂

1.勤学好问的童年

> 我出生在齐国一个祖祖辈辈都精通军事的大家庭。

> 长得真像我，将来一定当将军！就取名叫"武"吧！

加油！不能靠蛮力啊！动脑子打架！

不愧是我的孙子，就是有勇有谋！

怎么能鼓励孩子打架呢……

　　我特别喜欢听打仗的故事，爷爷和爸爸一遍又一遍地讲，我一遍又一遍听，反正怎么听也听不烦。而爷爷和爸爸都是带兵打仗的将领，他们可讲的故事非常多。如果爷爷和爸爸不在家的时候，我就找仆人给我讲。

故事讲了都快一千遍了，不如我直接讲老爷的事迹！

反正只要是打仗的故事，这小孩就爱听。

继续！

虽然比不上爷爷和爸爸，不过他讲的也不错。而且他还会表演呢！

呱啦

嘭！

　　除了听故事，我还爱看书，尤其是兵书。没事的时候，我就喜欢爬爷爷的阁楼，那是爷爷的图书馆，把写满字的竹简拿下来翻看。有不明白的问题就请教老师，或者去找爷爷、爸爸问个明白。

有一次,我读到"国之大事,在祀与戎",我就跑去问教书先生。

先生,祀是什么?戎是什么?

祀是祭祀,戎是兵戎。

祭祀是拜祖求神,这也能算国家大事?

我让老师都哑口无言了,厉害吧!只有兵,才是国家的大事,君臣不可不察的大事。

正式上学后,课堂规定的文化基础课,我看两三遍就会了,然后就跑出去玩。老师看别的同学还在学习,只有我在玩,觉得我是个贪玩的学生,就准备考考我。

五教是什么?

父义、母慈、兄友、弟恭、子孝。

六学是什么?

礼、乐、射、御、书数。

没想到我有这么聪明的学生!我要去告诉他父母,好好培养!

此时，我有一个理想，长大后一定像爷爷和爸爸，还有叔叔一样，成为一名驰骋疆场的大将军。

从小练习骑马打仗。

2.为了理想而做出合适的选择

可惜，长大后，齐国的国力很弱，天天都是自己人和自己人打仗，消耗了国家的力量，再也没有能力称霸天下了。

招聘启事：

只要你有能力帮助吴国变强大，吴国欢迎你。

吴国经常被楚国欺压，吴王正在想办法努力治国，摆脱楚国的控制。我想，这应该是可以实现我理想的地方。

我先隐居下来，苦心研究，写了传说中的《孙子兵法》，然后请我的朋友伍子胥把我推荐给吴王。吴王虽然对我的兵法非常赞同，但是他担心我只是个会写书的人，并不完全信任我，还经常和我抬杠。

杰出的指挥者可以将一支弱兵变为强兵，即使娇小的女子，也可以训练得像兵士一样坚强勇猛。吴王不相信，想看看我究竟有没有能耐，就把100多名宫女、妃子交给我训练。

从现在起你们必须听从我的指挥！不然就按军法处死！

好大胆子！你以为你是谁啊？

这是又想出了什么戏剧逗乐呢？

看这蠢样！拿镜子照过自己的脸吗？

这些宫女、妃子平时被宠惯了，只把我的话当耳边风。

给我把这两个拉出去砍头！

玩真的？

妈呀！

吴王看到宫女被我训练得很好，非常欣赏我，尽管失去了两名爱妃，但还是立刻让我当了将军。

3.善于观察，自创拳法

有一次，我在散步，发现书房后的梅树上开满了梅花，树枝在风中摇来摆去，我观察之后，决定结合梅树的形态变化，以及我们齐国人擅长的技击之术，创造一种用以强身健体、克敌制胜的拳法套路。再后来，我在梅花拳的基础上，加入其他器械，又创造出了梅花刀、梅花枪、梅花剑等器械搏击套路。

看我本事！

4.好的兵法是胜利的保证

在我的严格训练下，吴国的军队变得日益强大。公元前512年，由我和伍子胥指挥的吴国军队，占领了楚国的两个城市。接下来，吴王要我们继续攻打楚国的首都。

建议现在不要进攻！楚军兵精力足，我们的士兵都连着打两仗了，再打只对我方不利。

我派三支部队，轮流去骚扰楚军。第一支部队进攻时，楚军来迎战，我们就撤退，楚军也撤回到据点了。可是第一支部队撤退的时候，第二支部队又去进攻，然后是第三支部队，就这样循环往复。

在进行这种策略的同时，我们还使用更多的计策来孤立楚国。公元前506年，时机成熟了，伍子胥、吴王和我一起率兵发动了对楚国的总攻，双方兵力虽然相差很多，但是我们的3万精兵打败了楚军的20万人，攻入了他们的国都，差点灭了楚国。

接下来，我率领吴国军队又打了很多胜仗，很多人都觉得我是天才，不过天才也是靠勤奋得来的。我并不是天生脑子里就有各种计谋，只有博览群书，研究揣摩各种兵法，加上自己的思考之后才能成就现在的我。

如果你对什么有兴趣，就好好学习吧，我相信你也会成功的。

5.归隐，是为了完成更有意义的事情

强大起来的吴国，开始攻打越国。虽然我们战胜了越国，还抓了越王勾践。可惜的是，吴王在和越国的战争中，受伤死掉了，太子夫差当上了新的吴王。随着吴国霸业的蒸蒸日上，夫差渐渐自以为是，不再听信忠臣的话了。

饶了我吧，伟大的吴王，我愿意给你当仆人，我还给你我们越国第一美女。不，整个越国都是你的！

越国第一美女？传说中的西施？

越王勾践求和，他竟然同意了。我和伍子胥都坚决反对，因为我们知道，越王勾践是有目的的，他肯定在找卷土重来的机会。

大王，我们不能听勾践的，他不怀好意！请大王三思，杀了勾践以除后患！

杀他干吗？他现在无害了，而且还能帮我找乐子玩！

吴王自认兵力雄厚，越王根本不足挂齿，反而觉得我们是在挑拨离间。

勾践是被我军团团包围不得已才投降的，现在不提防他，以后是大患啊！

伍子胥！你这是什么口气？我才是王！给我把他拉下去！

伍子胥苦苦恳求，吴王不但不听，还杀了伍子胥。老朋友的死去，让我对吴王绝望了。

继续跟着这样的吴王，相信我也不会有什么好结果。

于是我便干脆退出了吴国的谋事圈，归隐深山，根据自己训练军队、指挥作战的经验，把写好的兵法十三篇重新修订，使我的作品更加完善。

事实上，伍子胥对勾践的判断一点没错。他在夫差面前忍受屈辱，最后活着回到越国，并且大力发展经济和军事。公元前482年，越军乘吴军主力聚集黄池与中原诸侯盟会、吴国国内兵力空虚之际，发兵袭击吴国，攻入吴国国都。吴国从此一蹶不振，到了公元前473年，正式被越国灭亡，吴王夫差悔恨交加，自杀了。我所梦想的由吴国统一华夏，也就成为泡影了。

> 我这一生，除了帮助吴国打胜仗，能给后来的人留下《孙子兵法》，是更有意义的事情。

乱世英雄 **曹操**

关于曹操,我们先看看他的崇拜者怎么说,这些崇拜者可是来头不小哦!

> 曹操是个勇敢而又有计谋的人,非常厉害!

李世民

> 曹操是个有本事的人,至少是个英雄!

鲁迅

曹操是一个"挟天子以令诸侯"的人,很多和他一起打仗的部下都希望他当皇帝,虽然曹操的实际权力可能比皇帝还大,但是他是个有原则的人,直到死,他都没有自己当皇帝。他在政治方面也是个很了不起的人,下面我们就来看看这位名气很大的曹操吧。

曹操最新档案

曹操(155—220),字孟德,小名叫曹阿瞒。东汉末年伟大的军事家、政治家和诗人。著作有《孙子略解》《兵书接要》《孟德新书》等。

曹操一辈子都以汉朝丞相的名义征讨四方,为统一中原做出了重大贡献,同时他在北方广泛屯田,兴修水利,对当时的农业生产恢复有一定作用。

曹操曾给《孙子兵法》作注，直到现在流传的都是他注释的版本。有不少人说曹操是个坏人，可是曹操仿佛并不介意，他的态度就是：做自己的事，让别人说去吧！下面我们说说这位了不起的乱世英雄：

1. 热爱自己的百姓：曹操非常关心和爱护自己的百姓。

2. 大诗人：曹操是个大诗人，在文学方面有很了不起的成就，他和他的孩子在文学史上很有影响力。

3. 精通兵法：善于灵活运用战术，我们常常听到一句话，"说曹操，曹操到"，可见曹操的速度有多快。

4. 管理军队方面很有一套：有一次曹操带兵去攻打张绣，他看到路边地里的麦子都快成熟了，便下了命令：所有士兵不能踩踏庄稼，违令者斩！

停下，你这匹该死的野马！

我踩踏庄稼，违反了法令，应当被斩，拿刀来！

要知道，在那个时代，把头发看得像生命一样珍贵。这也是曹操割发代首的原因。

既然我现在暂时不能死，那就用头发代替！

天啊，真割头发了！

吓死我了！

对自己真狠！

关于曹操的性格：

曹操是有忠心有原则的。他虽然势力极大，但是在那个人人都可以做皇帝的乱世，曹操至死也没有这么做。

刘备

刘封

刘禅

> 封禅的意思还不就是要做皇帝！骗谁！

曹操是个讲义气的人。

曹操对郭嘉讲的是生死的义气。曹操常常说，郭嘉是最知道他心里的想法的。可惜郭嘉很早就去世了，郭嘉如果不死的话，曹操还打算让郭嘉做他的继承人。

> 我真的还想再活500年~

郭嘉

曹操对人才都非常尊重。在抓到关羽后，他并没有因为关羽不投降就杀掉他，反而给予厚待，关羽也在力所能及的范围内报了恩。曹操靠着自己的人格魅力和对人才的尊重招揽了不少有识之士。

> 我可不像刘备靠哭鼻子招人！

> 那是《三国演义》乱写！

权力比皇帝还大的丞相

东汉末年，因为统治的混乱，很多手上有兵的将领和诸侯都开始了自己的皇帝梦，而曹操不一样，他借着保护皇帝的名义，对各路人马进行征讨。他的这种做法也被称为"挟天子以令诸侯"！他位高权重，加上皇帝也需要他的保护，所以皇帝也拿他没什么办法。为了能够进一步加强曹家在皇室的地位，他还把自己的几个女儿都送进了宫，其中一个还当了皇后。

对于曹操来说，命令皇帝娶老婆是对自己有利的，同时他利用皇帝的名义，也做了不少对人民有利、值得称赞的大事和好事，比如：

统一北方

鼓励农耕

兴修水利 保护农桑

在曹操的治理下，北方出现了"家家丰足，仓库盈溢"的景象。

曹操在选人方面也有独到的眼光，他多次发布招聘广告。

不论出身，不论家世，只要你有本领就行！

曹操把人无完人、慎无苛求的思想，把才重一技、用其所长的思想，把只用人才、不用庸才的思想推向了顶峰，充分表现了超越其他将领的气魄和胆识。于是，他的手下有许多有才能的得力助手，为曹操立下了汗马功劳。

从人才的选拔到笼络人心，曹操都有他自己的一套。比如：曹操为了不扰乱军心，将自己的手下人与自己的敌人袁绍之间的来往信件全烧了，并说以后不再追究！士兵深受感动，从此，对曹操便忠心耿耿了！

> 饶了我吧，丞相，我错了！

> 知道错了就好，把信烧了，过去的都过去了，以后要对我绝对的忠诚。

在曹操的统治下，北方人民开始过上了安定的生活，经济也渐渐好起来，为以后魏国的建立奠定了基础。

乱世英雄的自传

如果我不做军事家，我也是个好作家，是一位好爸爸。我的文采很好，我的儿子的文采也不错，我们曹家会出好几个作家呢！

> 我写过《七步诗》！

曹植

> 我写过《燕歌行》！

曹丕

> 我 7 岁的时候称过象！

曹冲

我的传记一：童年往事

因为爷爷的缘故，我算是出生在一个官宦之家。爷爷并不是我的亲爷爷，而是爸爸的养父。爷爷虽然是一个太监，但是有一定的威望，照顾过四代皇帝。至于我的亲爷爷是谁？那我可不知道。

童年的我是个让大人很伤脑筋的小孩，他们觉得我不听话，就爱调皮捣蛋，如果我不给家人找麻烦，他们是不会注意到我的。

家里最不喜欢我的就是叔叔了，我做什么他都不满意，一次又一次在爸爸面前告状，这让我很不高兴，我决心要给叔叔点教训！于是有一天……

于是爸爸就不那么相信叔叔对我的评价了。

我喜欢练武,所以我很认真地学,我虽然调皮捣蛋,但是我很爱看书,尤其是兵书,我最喜欢的是《孙子兵法》,这本书写得太好了。我一边读这本书,一边把对孙子兵法的理解写在书旁,这种边学边写边思考的方式为我长大带兵打仗打下了基础。

我的传记二:官小责任重大

公元 174 年,我二十岁了,被举为孝廉。孝廉是孝顺父母、办事公平的意思。之后不久,我就当官了,是个很小的管理治安的官。

洛阳是个藏龙卧虎的地方,随便扔下一块砖,砸死的都是皇亲国戚、权贵大臣。这里不好惹的人太多了,他们很不好管理,可是如果一直放任他们,洛阳肯定乱得不成样子了。于是我下令:禁止夜行。

可是，那些恣意妄为惯了的人不会那么听话。

> 我叔叔可是皇上面前的红人，敢打我！

> 管你叔叔是谁，我要拿你杀鸡做猴！

我得罪了人，这里面就包括蹇硕等一些当朝权贵，由于爸爸的面子，我只是被调走了，表面上是升官了，实际上给我降职了，换了一个地方去打杂。

不过因为我做官公正，老百姓喜欢我，我的名声变得很好，这么传出去后，有很多有梦想的人来找我做朋友。我的实力越来越强了，为我做一番大事业积累了本钱。

> 曹大人，您结婚了没？我认识一个大美女……

> 我不要美女，我要英雄！

我的传记三：挟天子以令诸侯

讲起这个故事，一两句话说不完，我就从皇帝向我求救说起吧。说起皇帝求救，还得先说说当时的情况。东汉末年，朝廷腐败无能，一开始董卓叛乱了，抓住了皇帝，我还曾带兵去救皇帝，可是我打不过董卓，最后我和其他联军结盟，大家一起去对付他。后来，董卓被吕布杀了。董卓死了，可天下并没太平，皇帝提心吊胆地趁乱逃出长安之后，回到洛阳，向我求救。

皇帝控制在我们手里，我们可以想干吗就干吗了！

我们不仅要救，而且要抢在别人前面！

这可是千载难逢的好机会啊！

有道理，这救的可不是别人，是皇帝啊！

就这样，在大家的支持下，我顺利地救回了皇帝，让袁绍后悔去吧。

我不想活啦！

都怪我犹豫的时间太长了，让曹操抢先了一步！

皇帝经历了许多挫折，才和我的部队碰了头。那个时候皇帝很狼狈，他又冷又饿，还像什么皇帝，简直就是路边的乞丐一样。我对皇帝很好，给他好吃好喝，还对他表现出足够的敬意。皇帝也很感激我，于是我借机劝皇帝到我的地盘上去生活。小皇帝虽然不那么愿意，但是情势逼人，他也只好听我的。

我已经三天没吃饭了！

后来，我每次对其他军阀的征讨或者对下赏罚都可以借着天子的名义，可谓"师出有名""赏罚分明"，而且有了天子之军的名义，我可以得到更多前来归顺的文臣武将，我所攻打下的地区的百姓也更容易顺从。当然，我也可以假借天子诏书，让刘备去打袁术，使得二人互相残杀消耗实力，这便是把皇帝捏在自己手心里的好处了。

> 曹操你真阴险！

> 大坏蛋曹操！我呸~

> 呵呵，兵不厌诈啊，这都不知道，好好地回家念兵书去吧！

我的传记四：决战官渡

官渡之战之前，袁绍家族一直拥有强大的实力，在攻打董卓的时候，他是主力，我只是个带兵参与讨伐董卓联军的人。在打倒董卓后，大家纷纷发展自己的势力，我也不甘落后，袁绍看我的势力越来越大，皇帝又在我的地盘上，就动了攻打我的念头。袁绍的势力太强大了，要钱有钱，要人有人，要粮食有粮食，和当时的他比起来，我军真的太弱小了！

战斗力

战斗力

一听到要和袁绍对打，不少人都表示反对。

袁绍这次下了大决心了，雄兵十万啊！

实在不行，我们先避难去吧！

丞相，这次我们会输的。

听到要和袁绍打，大家仿佛都泄气了，我非常生气！因为我不怕，我认识他太久了，以我对他的了解，这家伙目光短浅，没什么远见，却又自以为是，没胆子没头脑。

打败袁绍不是没有可能的。都给我自信点！

我也不是盲目自信，因为我知道袁绍的弱点，就在战争打响之前，荀彧曾对我说，我有四个方面比袁绍强。

第一，袁绍这个人，表面上宽宏大量，实际上嫉贤妒能，我豁达大度不拘小节，这是气度胜过袁绍。

第二，袁绍这个人，反应迟钝，优柔寡断，我总能够当机立断，而且计策多变，这是谋略胜过袁绍。

第三，袁绍这个人，治军不严，有令不行，有禁不止，而我执法如山，令行禁止，赏罚分明，言必信，行必果，这是英武胜过袁绍。

第四，袁绍这个人，凭借"四世三公"的家族势力，装腔作势，沽名钓誉，而我以诚待人，不玩虚套，所以既忠诚又能干的人都来归顺我，这是仁德胜过袁绍。

于是，一场大战就要在官渡展开。

建安五年（200年）二月，袁绍进攻白马，拉开了大战的序幕。我亲自率兵去解白马之围。我采纳了荀攸的作战策略，用最快速度赶到白马，我军突然出现让袁军一下子慌乱起来，轻而易举地被我打败了！

解了白马之围后，我立刻撤回到河的南岸。袁绍又派大将文丑追击我，我在白马山伏击，亲自率领骑兵杀出，不但把袁军打败了，还杀死了大将军文丑，我的部队也因此士气大振！

八月，袁绍攻打我，我防守，这一攻一守僵持了快两个月，我的处境十分困难。十月，袁绍运了大批粮草，囤积在乌巢，就在这个时候，袁绍的谋士许攸向我投降了！

曹兄，我有一计，定能让你大获全胜！只要你今晚偷袭他的粮草，袁绍必败无疑！

只要能打败袁绍，你说什么都答应你！

　　我采纳了他的建议，率兵袭击乌巢，烧掉了袁绍的粮库，还杀了袁军大将淳于琼。乌巢的粮库被烧了，袁军的军心动摇，我趁机开始了进攻，一下子就消灭了袁军7万多人，占领了大片的地盘，取得了官渡大战最后的胜利。

我要称霸全国！

长安　冀州　青州　兖州　寿春　徐州　汝南　汉中　荆州　长沙　孙权

　　从客观条件上说，我本处于劣势，但由于我能正确分析客观条件，善于听取别人的意见，所以扬长避短，采用正确的战略战术，使战争向有利于自己的方面转化。通过自己主观上的努力，终于赢得了胜利。官渡之战，我击溃了最大的敌人袁绍，统一北方已是大势所趋。

谁说我打不赢袁绍？

我的传记之五：赤壁之战

这场战争，至今仍是很多讨厌我的人嘲讽我的依据。说起这场战争，还不得不谈谈我的理想。我的理想不仅仅是统一中国的北方，我是要当霸王的，我的理想是要像秦始皇那样，统一整个天下。

> 曹操，你离梦想还很远，还要继续努力，我看好你！

> 谢谢您的教诲，我会努力的！

公元208年，我准备南征，那个时候，无论是刘备还是孙权，都不是我的对手。这时吴国的鲁肃出了个主意，要刘备和孙权联合起来，一起对付我。不过这件事在《三国演义》里功劳被诸葛亮拿去了。

> 曹操算什么。

> 都是浮云！

> 北方的曹操士兵不擅水战！曹操虽然人多，但水土不服，容易生病！

> 对啊！

> 还有很多表面投降他的，并不是真心服从曹操的！

> 所以，联合起来，曹操必败！

> 哈！您真聪明！

孙权

难道我不知道我的士兵不擅水战吗？铁索把战船锁在一起，不就能在船上行走了吗？

哈哈！我太聪明啦！

没过几天，我收到东吴的大将黄盖的来信，我高兴极了！

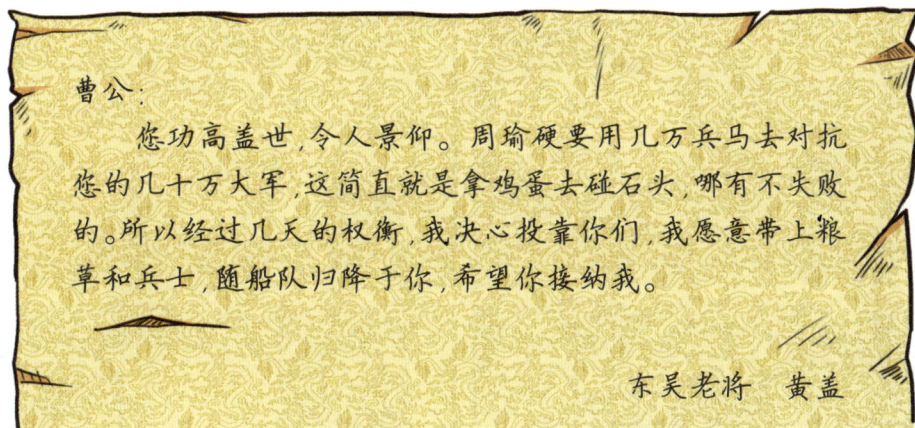

曹公：

您功高盖世，令人景仰。周瑜硬要用几万兵马去对抗您的几十万大军，这简直就是拿鸡蛋去碰石头，哪有不失败的。所以经过几天的权衡，我决心投靠你们，我愿意带上粮草和兵士，随船队归降于你，希望你接纳我。

东吴老将 黄盖

没想到周瑜派部下黄盖假装投降我，带着几十艘战船，船上装着灌了油的柴草，向我军驶来。接近我军时，他们同时点火，火船顺风向我的战舰驶去，我的战舰因为锁在一起，一时无法解开，不一会便成了一片火海……

赤壁之战导致我元气大伤，我统一天下的理想要往后拖延很长时间了。我也明白了一个道理，只要稍微轻敌，就会面临巨大的失败，这一战我还是有太多考虑不周的地方。赤壁之战后，全国的形势也发生了变化，三国鼎立的局面渐渐形成了。

可恶！ 可恶！

战场上的雄狮 蒙哥马利

要说今天的主角,他在谈论如何用人时曾经这么说过:

人大约可分四类:

1.聪明的;2.笨的;3.勤快的;4.懒惰的。每个人都同时具备以上两种特性。

第一种:非常聪明,但是非常懒惰,可以当司令。

接下来进攻哪里?

第二种:非常聪明,又非常勤快,可以当参谋人员。

第三种:非常懒惰,又很笨,可以当士兵。

没有命令,还是什么都不做好了!

第四种：非常笨，但是很勤快。

蒙哥马利有一顶和他形影不离的帽子，那顶帽子叫作贝雷帽，帽顶有英军帽徽和装甲兵军徽，看到这顶帽子士兵们就知道他在前线，和士兵们在一起。

蒙哥马利（1887—1976）的全名叫作伯纳德·劳·蒙哥马利，是第二次世界大战中盟军杰出的指挥官之一、英国最有名的军事家和陆军元帅。100多年以来，英国军队中没有任何一个人能像蒙哥马利那样精通军事、战功卓著。他的成就足以让人们永远铭记他，时至今日，他依然是英国人心中的骄傲。

关于这位战场上的雄狮：

1.是个体育特长生，其他成绩差得很。擅长板球、游泳、橄榄球、网球。他把所有的机敏和智慧都用在了军事上。

2.毕业于英国桑赫斯特皇家军事学院，所有人都认为他能进入这所学校是个奇迹。

3.是个长着大鼻子的瘦子，有很多生活好习惯，不抽烟、不喝酒。

4.参加过第一次世界大战，受了伤，因为表现英勇获得优异服务勋章，而这也是蒙哥马利荣誉的起点。

5.蒙哥马利带兵非常有一套，他对部队训练也很严格。在担任第5军军长时，把部队训练得能在任何天气条件下作战。

6.他才能出众,但人际关系却非常一般。这一方面是由于蒙哥马利的自命不凡,得罪了不少同行,另一方面他在军事上显得专横倔强、几乎完全不考虑政治因素的态度也为他招来不少怨言。

7.1958 年,蒙哥马利结束了 50 年的军旅生涯而退休。他是英国历史上服役最久的将领。

> 我打过仗也立了功,就是发表个演说而已,至于说我太虚荣吗?

谨慎的战场雄狮:

蒙哥马利为人谨慎,指挥得当,充分发挥了英军最大的战斗力。同样是第二次世界大战的指挥官,巴顿和蒙哥马利互相有点瞧不起对方。

> 巴顿就是一个没见过世面的小丑,顶多算是一只小萤火虫!

> 蒙哥马利那家伙,只能保证自己不打败仗,从来不敢勇敢地抢夺胜利。

蒙哥马利是一位相对谨慎的战略家。他坚持每次出击前，在人力、物力等方面做好充分准备。虽有延误战机之嫌，但稳妥可靠，并保证了他在部下当中的声望。

> 立刻攻打阿曼达！

> 我还没准备好，只差一步，我都不会去打仗的，我不会让我的士兵白白去送死，我不打没准备好的仗！

他的上司气坏了，要撤掉蒙哥马利，可是实在派不出比他更厉害的军官，只得忍下这口气。还好，英国首相丘吉尔是支持他的，他的不败纪录也让士兵信任他。而美国总统艾森豪威尔的话可以用来评价他。

> 勇敢不等于鲁莽，谨慎也不等于胆小。

蒙哥马利的成功课堂

1.激发斗志的童年

1887年11月17日，我出生在英国伦敦一个牧师家庭，我有一个非常严厉的妈妈，我的兄弟都被妈妈教育得很听话。而我的心是反叛的，我讨厌妈妈这么专制的教育方式，我总和妈妈对着干，结果每次都是妈妈胜利。

有一次，爸爸送给妈妈一个漂亮的金鱼缸，妈妈非常喜欢，也非常珍惜，不让我们靠近。这更激起了我的好奇心，于是，我偷偷地接近了鱼缸……结果，不小心把鱼缸打破了。

虽然我知道这是妈妈气急了才说的话，但仍然深深刺痛了我的心。从那一刻起，我变了，我变得小心翼翼，不再去招惹妈妈或者其他人，我开始观察妈妈，顺从她，按她的要求做她喜欢的事情。和妈妈关系的转变，无形中锻炼了我的观察力、意志力和自信。

> 我要向妈妈证明，我将来不是个一事无成的人！我是有能力、有想法、有创造力的！

2.当兵也是要有知识的

我不爱学习，但是特别想当兵。为了考入理想的军事学校，我自己都不敢相信我会拿起书本学习起来，经过一段时间努力备考，我居然考上了桑赫斯特皇家军事学院。入学后，我又犯了老毛病，逃课、捣乱、上树做游戏等等，什么都干，就是不好好学习。

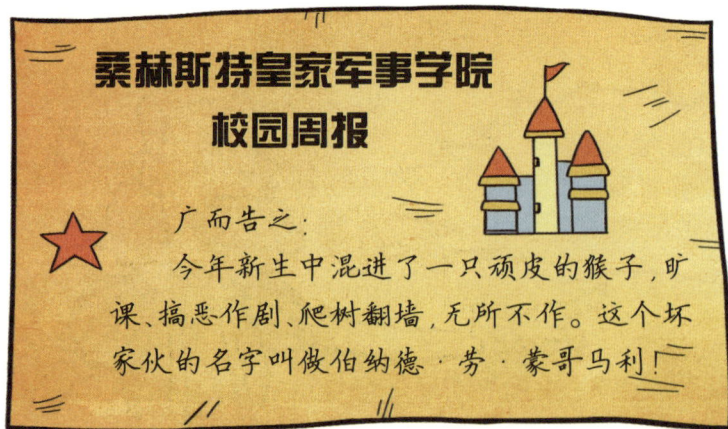

**桑赫斯特皇家军事学院
校园周报**

广而告之：
今年新生中混进了一只顽皮的猴子，旷课、搞恶作剧、爬树翻墙，无所不作。这个坏家伙的名字叫做伯纳德·劳·蒙哥马利！

我是以不合格毕业生的身份被分配到当时条件最差、最遥远的印度边防小镇当士兵的。可是一件许多人认为可笑的没有太大意义的"考试"，却让我来了个180度大转弯。

之后半个月的时间里，我利用跟着骡子运输的机会仔细观察。

这件小事令我深刻地认识到，在军事活动中，任何细小的观察都是十分重要的。于是我开始发奋学习，在学习中我又懂得了，军人的知识比武器更加重要。经过一段时间的努力，我迅速成为掌握知识最多和最善于观察的军官。

3.下定了决心,就要达到目的

第一次世界大战之后,我已经很清楚地认识到,军事是一门需要终生研究的学问,要掌握它的全部奥秘,就必须把它放在首位,献身于它。没有人知道以后会怎么样,我也一样,但是我唯一知道的是我必须进参谋学院深造。

一个偶然的机会让我结识了当时驻德国的英国占领军的酷爱打网球的总司令威廉·罗伯逊爵士。而网球正是我的强项。

我适时地开始诉苦，而我们的谈话产生了效果，那次网球聚会不久，录取名单上便有了伯纳德·劳·蒙哥马利，也就是我的名字。

确定了目标，就要努力抓住一切机遇！

录取通知

4.和老对手的战争

我身经百战，几乎没有失误过。但是我要给你们讲的是，我和老对手的战争。

我的老对手就是隆美尔，他是德国大名鼎鼎的将领，因为擅长沙漠坦克战，被称为"沙漠之狐"，和他打过仗的人提起他来就害怕。

我就是隆美尔！要签名吗？

我还是自觉退场吧！

是隆美尔！

哇！偶像！

但是我可不怕他，看我之后三次打败隆美尔的经过吧。

第一战——哈勒法战役

哈勒法战役中，我给隆美尔的非洲军团设计了一个英国军队从未想过的陷阱，使隆美尔的进攻落得搬起石头砸自己的脚的结果。

我利用哈勒法山的有利地形，进行严密周到的部署，使得隆美尔在进攻中不管进攻哪一个方向的阵地都陷入绝地，处于四面包围的困境。

隆美尔在德国大战略计划的影响下，不得不在人员、物资都严重短缺，且面临交通线过长等危险的状况下，进行抉择。隆美尔的性格让他选择了进攻，这完全在我的预料和掌控之下，可以说，战役一开始，隆美尔就输了。隆美尔在后方基地被轰炸以后，最终不得不撤退。

哈勒法战役是我在特定作战条件下进行的防御战的典范，是从北非沙漠传回英国的第一个捷报。这场战役的胜利，使得英国第8集团军的士气空前高涨，也为扭转北非战争局面的阿拉曼战役的胜利做出了巨大的贡献。

第二战——阿拉曼战役

很多人都说，我是一位谨慎小心，善于把战略战术联系起来考虑的军事家。的确，我亲自制订了消灭"非洲军团"的计划，并坚持每次出击前，在人力、物力等方面做好充分准备。而在进行真正的攻击之前，我特别组织了一支专门用来欺骗敌人的部队，这些家伙就是我的精英。

尽管这支部队人员构成复杂，但却具有惊人的伪装欺骗能力。

　　我让他们在南面制作了大量的模拟坦克、火炮和军用物资，故意暴露给德军的情报人员。为了让"演出"更逼真，这支部队铺设了一条长达30公里的模拟输油管，还专门修建了一条与输油管平行的模拟铁路，并在沿途建立了供水站。

　　我军的保密工作做得十分出色，骗过了有"沙漠之狐"之称的隆美尔。等他把大部队调到南面，我指挥的部队从北面发起大规模进攻。由于隆美尔的主力在南面调不过来，英军在兵力特别是坦克数量上占到绝对优势。我率领第8集团军彻底击败了号称"沙漠之狐"的德国名将隆美尔所指挥的非洲军团，赢得了北非作战的一场决定性的胜利。

第三战——诺曼底登陆

1944年6月，再一次和隆美尔决战。由英、法、美等欧洲同盟国组成的强大军团将在诺曼底登陆。但是，隆美尔早在岸边部署了大量防御阵地。

盟军当然也不会掉以轻心，即使这样我们的进攻线还是出现了漏洞，不过那一天的德国人似乎错估了敌我形势，竟然没有组织起有效的反击。

再轻松这也是可怕的战争！

盟军在诺曼底登陆后,我把敌军的主力吸引到自己方面来,保证了美军的顺利突破和向纵深发展,而我军却由于敌军主力的顽强抵抗,付出了较大的代价,进展缓慢,特别是后来一场前所未有的风暴席卷了整个战场,让很多运送物资的船只直接沉没,不仅造成了经济损失,也为部队的供给带来沉重的压力,甚至有些部队不得不转入防御。

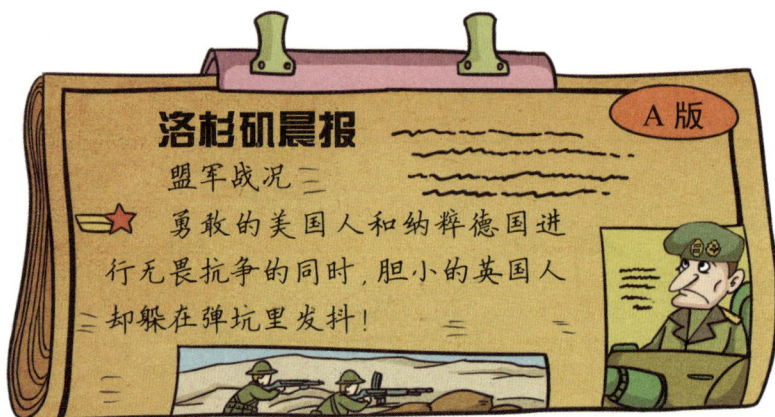

美国人一向爱吹牛皮,瞧他们又曝出这样的新闻!虽然我们自己清楚,但经他们一吹,我国的媒体也开始议论纷纷了。

在强大的舆论压力下,连首相丘吉尔也沉不住气了,来问我究竟怎么回事。所有这些,我都毫不介意,照常按照原本的计划行动,确保了诺曼底战役的胜利。在这里,我放弃了唾手可得的胜利,却承担了极为沉重的责任,我深深知道这一切都不是为了个人的荣誉。

战争结束后，我因为打败了"沙漠之狐"隆美尔而成名，荣誉、地位、金钱和世人的敬仰、无数女性的爱慕之情如潮水般涌来，但是，我都不为所动。

> 对不起，我对贝蒂以外的女性不感兴趣。

上面说的贝蒂，就是我的妻子，可惜她在跟我结婚 10 年后病逝了。爱妻的死对我是一个沉重打击，我有很长一段时间陷于极度的痛苦之中。许多关心我的人纷纷为我重新寻找对象，我都谢绝了。连英国首相想做我的月下老人都未能如愿。

> 将军，整个英吉利都不希望你的后半生是孤独的。

> 作为一个军人，我永远忠于自己的祖国，作为一个男人，我永远不会背叛爱情。

我就是这么固执地过完了我的一辈子，我始终坚持了我的原则，所以我想我能充满骄傲和幸福地去天堂见我的妻子。

闪耀群星 **更多大军事家**

1.评价不一的不败名将——吴起

吴起是我国战国初期的军事家、政治家、改革家，也是兵家的代表人物。

·吴起出生于一个很富有的家庭，可是他年轻的时候为了求官，把家里的钱都花光了。

·吴起担任将领的时候，他和普通士兵一起吃住，待遇也和普通士兵一样。

·吴起一生经历过七十多场战争，打胜了六十多场，剩下的都是不分胜负。可以说他是真正的不败名将。

·历史上对吴起的评价正反两面都有，说他是一个战神，但同时又有人说他冷血不孝。

吴起
（公元前440—前381）

直话直说的吴起

魏武侯是个能力很强的人，他的大臣没有谁能比得上他。这让魏武侯很高兴，可是吴起却告诉他："楚庄王当时也和您一样，可是他却非常忧郁。因为他觉得现在凭他的本事可以治理国家，但是大臣中没有谁能比得上他的话，那国家终将灭亡！因为这表示他的朝中没有人才了！现在看起来，楚庄王忧虑，而您却高兴。所以……"魏武侯听完之后恍然大悟，赶紧拱手向吴起拜了两次说："先生真是上天派来挽救我的过错的人。"

说起来简单做起来难的吴子兵法

吴起一生在鲁、魏、楚三国担任过职务,他通晓兵家、法家、儒家三家思想,也将这些思想很好地进行了结合、融会,把它们运用在军事和治国之中。他帮助鲁国击退了强大的齐国的入侵。可鲁国国君的多疑让吴起投奔魏国,很快,他为魏文侯训练了一支强大的军队,打下了秦国的河西之地。可惜魏文侯的后人听信小人谗言,最终逼吴起去了楚国。他在那里开始了大刀阔斧的改革,楚国的国力也变得越来越强大。

吴起的军事思想说起来简单,做起来却需要有极大的决心和掌控能力。他认为,兵不在多,但一定要平时守礼,战时威猛,并且绝对服从命令。

同时,他还认为要把军事和政治、教化结合起来。只有国内的政治清明、经济发展,才能保证有充足的战争储备。而只有搞好教化,人民才能够明白事理,有了明白事理的民众,才能更好地挑选将才。在这一切之后,才能真正地对军队进行训练。

吴起因为杀妻求将,以及不奔母丧的事,被众多人诟病,但是他对待自己的士兵却非常好。他严格管理军队,奖惩分明,抚恤和慰问牺牲将士的家属。在用兵方法上,他不主张穷兵黩武,认为要根据不同国家的地理条件、政治情况、人民的习俗、军队的素养以及兵士的特点来进行调整,这一切让他成就了没有败绩的传奇。而他的军事著作《吴子》也与《孙子》一起著称于世。

2.才兼文武,出将入相的唐朝第一将——李靖

李靖是唐朝的著名军事家,他为唐王朝的建立和发展立下了赫赫战功。

· 李靖出生于官宦家庭,受到家庭熏陶,从小就有文武才略。

· 他在投到唐高祖李渊旗下之后,很被李世民欣赏,于是不久他就被招入李世民的幕府,为李世民出力。

· 唐高祖说李靖的本事非常大,韩信、白起、卫青、霍去病都比不上他。

· 李靖死后,因为他战功显赫,百姓为他修建了庙宇供奉,他也逐渐被神化了。

李靖
(571—649.7.2)

看人"火眼金睛"

李靖非常善于观察细节。唐太宗要他教给侯君集兵法,他总是有所保留。唐太宗很不理解,李靖说:"我教他的兵法能够制服周围的敌人就行了,他想学完我的兵法,那是因为他有造反的心思。"后来有一次,侯君集在尚书省竟然骑马而过,没有下马,更加让李靖确定他有反心。唐太宗觉得李靖太小心眼了。过了几年之后,侯君集果然参与了太子谋反的事件,这让唐太宗很佩服李靖看人的本事。

三千人小队破定襄

李靖有着卓越的军事思想，能够准确地判断战局，大胆指挥和调动部队，被称为唐朝第一将。他写有《李靖六军镜》等多部兵书，可惜不少都失传了。

在李靖为唐朝南征北战的时候，东突厥一直是唐朝的心腹大患。李靖刚平定了江南，就被调往北方，抗击东突厥。626年，东突厥趁着唐太宗刚登基，国内局势不稳，直入中原，甚至逼得唐太宗亲临渭水桥与东突厥首领颉利可汗结盟，才暂时换得安稳。不过很快，东突厥发生内乱，唐太宗趁机命人率领大军分头出击，在这次行动中，李靖率领3 000人，从恶阳岭接近东突厥。

他的大胆举动让颉利可汗大为震惊和疑惑，生怕出击会中了唐军的埋伏。李靖也利用他们的疑惑，施展离间计，招降了可汗的心腹，然后在他的帮助下，一举攻入定襄城。虽然没有抓住颉利可汗，但是这次突击让东突厥军心大乱，剩下的军队得知可汗逃走后，很快就被打得一败涂地。颉利可汗为了赢得休养生息的时间，干脆假意向唐太宗投降。唐太宗也派出张公谨将军去受降，并且进行安抚，这一切被李靖看在眼里，他向张公谨点明了东突厥的小心思，并且建议进行突袭，彻底打垮东突厥。张公谨接受了他的建议，李靖就带人，趁着对方放松戒备的时候，一举消灭了东突厥。这让唐朝彻底除掉了西北边境的祸患，洗刷了唐太宗无奈结盟的耻辱。

131

3.西方人的战略之父——汉尼拔

汉尼拔是北非古国迦太基的名将、军事家，被西方人誉为战略之父。

· 汉尼拔出生在迦太基，他的父亲是迦太基的将领哈米尔卡。

· 汉尼拔从9岁的时候就立下誓言，要永远与古罗马为敌。

· 有人这样描述过战场上的汉尼拔："他总是第一个投入战斗，最后一个退出战场。"

· 汉尼拔的新月形战术帮助他为古罗马带来了历史上最惨烈的失败，古罗马有5万~7万人死亡和被俘。

汉尼拔·巴卡
（公元前247—前183）

破冰而出的汉尼拔通道

当汉尼拔决定翻过阿尔卑斯山突袭意大利的时候，一座巨大的岩壁挡住了去路。要过山，就必须在岩壁上开凿出路来，可是士兵使出浑身力气，也只能在岩壁上凿出一些浅浅的白点。汉尼拔知道那是岩石太坚固的原因，他便让士兵们砍来树枝，靠在岩壁上焚烧，一直烧到岩壁发红时，再用水浇。在剧烈的冷热变化中，岩壁崩裂了，就这样汉尼拔开出了一条能够穿越阿尔卑斯山的通道，这条通道后来被称为"汉尼拔通道"。

壮志未酬的迦太基将军

迦太基在当时被古罗马人称为布匿，所以古罗马与迦太基的战争也被称为布匿战争。在公元前264年到前241年的第一次布匿战争中迦太基失败了，汉尼拔在父亲的影响下，发誓要与古罗马势不两立。

长大后，汉尼拔凭借自己杰出的领导能力、指挥能力以及战术思想进行了积极的准备，在第二次布匿战争开始后，汉尼拔竟然乘坐大象翻越了冰雪覆盖的阿尔卑斯山，开始进攻意大利。这让古罗马军队原本的计划全部作废，只能慌里慌张地迎战。

汉尼拔精通多国语言，这为他和古罗马周边的国家结盟提供了极大的便利，他还大量使用间谍，分化古罗马和同盟国之间的关系，并取得了不错的效果。同时，他的间谍、信使在各国活动，搜集信息，这使得汉尼拔这个"外来者"在处理各国关系时游刃有余。

可惜汉尼拔的连连得胜，以及日益壮大的队伍让迦太基的当权者感到了威胁，因此停止对他提供援助。这让汉尼拔的很多政策和措施都无法继续下去，最终，汉尼拔的军队在公元前202年被古罗马军队击败，在回国后，因为受到古罗马人和自己国家政府的迫害，他最终服毒自杀。

4.在实践中创造军事思想——成吉思汗

成吉思汗出生在漠北的草原地区，他是杰出的军事家，曾经带兵席卷了亚欧大陆。

· 成吉思是"海洋"的意思，"汗"是蒙古族最高统治者的称号。成吉思汗的名字叫孛儿只斤·铁木真。

· 铁木真刚被推举为乞颜部可汗时，经历了人生中第一场，也是唯一一场败仗。

· 因为蒙古族是马背上的民族，所以成吉思汗的军队也以速度著称。

· 成吉思汗的军队纵横驰骋于亚洲大陆，甚至向西打到了印度河流域，更是一路冲到了红海地区。

孛儿只斤·铁木真
（1162.5.31—1227.8.25）

飞鹰救主

有一次，成吉思汗带着自己心爱的猎鹰去打猎。在奔波了一天之后，成吉思汗渴极了，他看见周围正好有一小股山上流下的溪水，于是想去接一点来喝。可是谁想到，他接了三次水，三次都被自己的猎鹰打翻了水杯，还把他给抓伤了。成吉思汗生气极了，他一下子杀了猎鹰。这时，一条毒蛇突然从小溪里游了下来，成吉思汗这才恍然大悟，原来猎鹰是想告诉自己，不要喝被毒蛇污染的水。他后悔极了，只能带回猎鹰的尸体，厚葬了它。

让人闻风丧胆的"蒙古旋风"

铁木真的父亲是部落首领,他被杀后,铁木真和母亲就被部族抛弃。长大后的铁木真凭勇武和努力聚集起了自己的力量,迫害过他的贵族们组建起的十二部联军在他面前不堪一击。铁木真很快就扫荡了整个蒙古草原,1206 年春天,贵族、诸王在斡难河的源头召开大会,为铁木真奉上了"成吉思汗"的尊号。他很快把统一的部族联盟改成了大蒙古帝国,随后称帝。

之后,在成吉思汗的率领下,他的军队开始了大规模的对外战争。成吉思汗的军事思想几乎都是从实战中归纳总结出来的。蒙古士兵的盔甲都是用较轻的皮革制成的,使战马的负担轻,骑手使用武器也更灵活。这让蒙古军队能更好地发挥擅长骑射、速度快的优势,以此成吉思汗创造出了"箭速传骑"的战法,大大加快了军队的调动速度,最大限度发挥了指挥官的作用,他的军队也因此被称为"蒙古旋风"。除了快攻,他还让人研制了攻城的投射炮。成吉思汗特别注意搜罗工匠,让军队在每一处都能很快制造出合适的武器,这使成吉思汗的军队成为战无不胜、攻无不克的代名词。他的攻击是毁灭性的,这让处在他进攻路线上的国家都提心吊胆,可是他的西征在客观上也促进了东西方文化的交流。

图书在版编目(CIP)数据

大军事家 / 亚亚文；夏阳绘. — 北京：北京理工大学出版社，2018.4
（2020.4重印）
（影响世界的他们：手绘名人故事）
ISBN 978-7-5682-5164-8

Ⅰ.①大… Ⅱ.①亚… ②夏… Ⅲ.①军事家－生平事迹－世界－青少年
读物 Ⅳ.①K815.2-49

中国版本图书馆CIP数据核字(2018)第002112号

出版发行 / 北京理工大学出版社有限责任公司
社　　址 / 北京市海淀区中关村南大街5号
邮　　编 / 100081
电　　话 / (010)68912197(编辑部)
网　　址 / http://www.bitpress.com.cn
经　　销 / 全国各地新华书店
印　　刷 / 朗翔印刷(天津)有限公司
开　　本 / 787毫米×1092毫米　1/16
印　　张 / 9
字　　数 / 170千字
版　　次 / 2018年4月第1版　2020年4月第4次印刷
定　　价 / 58.00元

责任编辑 / 张　萌　刘永兵
文案编辑 / 刘永兵
责任校对 / 周瑞红
责任印制 / 边心超
责任制作 / 格林图书

图书出现印装质量问题，请拨打售后服务热线，本社负责调换